地域づくり叢書

4

歩いて暮らせる
コンパクトなまちづくり

戸所 隆 編著

古今書院

はじめに

　イタリアのベネチア中心部へは4車線道路と複々線の鉄道でアクセスできる。しかし自動車での接近は，ベネチアの入口にある鉄道ターミナル，サンタルチア駅近くの駐車場までである。そこからは，水上バス，水上タクシーの公共交通以外はすべて徒歩交通の世界となる。低湿地で水上交通を優先することからベネチア市内にかかる橋のほとんどがいわゆる太鼓橋で，自転車やバイクの通行も出来ない。

　市内の道路幅は2～4mであり，その両側にびっしりと3～5階建ての建物が並ぶ。サンマルコ寺院とリアルト橋を結ぶ街路には1階が店舗で2階以上が住宅の建物やホテル・事務所が並び，中心街を構成する。また，主要街道にも1階が店舗で2階以上が住宅の建物が連続立地し，路線型商店街が随所に見られる。さらに，マリア像と井戸を備えた小さな広場を中心に近隣住区がつくられ，密接な人間関係を構成し得るこの小さなコミュニティを連続させる形で住宅街が構成されている。

　ベネチアには自動車が存在せず，基本的に歩ける範囲で日常生活が完結できる都市構造になっている。また，歩行専用空間はスピードゆえの車間距離の必要や駐車スペースも必要ないため，連続的街並と高密度居住空間を創る。さらに，自動車が利用できないため，広域から来街する多数の支持人口を必要とする大型店は成立たず，それが質の高い専門店からなる路線型商店街の形成基盤となる。同時に，中世以来の交通空間を維持することで歴史的構造物が保存でき，都市全体の文化財的価値を高めてきた。

　ベネチアは決して孤立した非近代的都市ではない。世界に冠たる文化観光都市であり，優れた情報通信網によって世界とネットワークされている。自動車の危険や騒音から解放された空間の中で，多彩な人々が交流し，文化創造をす

る。主要国首脳会議（サミット）が開催された都市でもある。

　まち自体に文化性や個性的魅力があり，先端的な情報通信設備等が整っていれば，たとえ自動車交通のない空間でも，人々は交流し新たな価値を創造し，経済活動も十分に遂行できる。鉄道など都市間公共交通と都市周辺に大型駐車場があれば，都市内部は公共交通と徒歩交通中心のコンパクトな，ヒューマン・スケールの都市づくりが可能となる。

　私のベネチア調査は2000年の数日間に過ぎないが，ベネチアの姿を見て1980年代から批判されながらも主張してきたコンパクトなまちづくりの重要性が再確認できた。コンパクトなまちの理想型を一言でいえば，便利な公共交通と歩いて暮らせる利便性・快適性に優れたまちとなろう。大規模市街地では市街地を分節化（分都市）し，郊外では市街地の集約化が必要となる。これら分都市が相互にネットワークし，協力し合うことで大都市化して，より高次の都市生活を送ることのできる地域づくりである。

　21世紀のまちづくりは20世紀の開発哲学とは異なる都市開発をすべきと考えていた。その際，車社会からの脱却が重要と考え，1996年以来，高崎経済大学での研究会を主宰した。その成果は，高崎経済大学産業研究所編『車王国群馬の公共交通とまちづくり』（日本経済評論社，2001年）で公刊している。しかし，ベネチアの姿を見て，もっと広汎かつ多面的なコンパクトなまちづくり研究が必要と感じた。そこで，2002年の日本地域政策学会の設立以来，都市・まちづくり分科会で2013年まで多面的にコンパクトなまちづくりについて，以下の研究・討議を続けてきた。

　分科会世話役の私は，設立総会（2002年5月26日高崎経大）で「公共交通を活かした歩いて暮らせるコンパクトなまちづくり」をテーマに基調講演を行い，議論した。その後，設立総会とは別に同年秋に開催された学術大会から毎年，多彩な研究者4〜5名が下記のテーマで3〜4時間の報告・議論を重ねた。参加者は大学の都市地理研究者のみならず，自治体などの政策現場で活躍する若手研究者も多く参加している。

はじめに　iii

```
日本地域政策学会　都市・まちづくり分科会　研究テーマ
              （カッコ内は開催地）
2002 年（高崎）　公共交通を活かしたコンパクトなまちづくり
2003 年（高崎）　市町村合併とまちづくり
2004 年（新潟）　分権社会におけるコンパクトなまちづくり
2005 年（仙台）　鉄道駅を中心としたコンパクトな市街地形成
2006 年（高崎）　広域化した地方都市におけるコンパクトなまちづくり
2007 年（長野）　ビジター産業を活かした中心市街地の再生
　　　　　　　　　－コンパクトなまちづくりを目指して－
2008 年（名古屋）港・駅を活かしたコンパクトなまちづくり
　　　　　　　　　－高齢化・国際化・情報化・環境問題に適応した
　　　　　　　　　　中心市街地の再生－
2009 年（東京）　交通と土地利用からみた持続可能な都市づくり
2010 年（相模原）都市交通の諸問題と取り組み
　　　　　　　　　－持続可能な都市づくりのために－
2011 年（札幌）　我が国におけるコンパクトシティ政策の再検討
　　　　　　　　　－持続可能な都市づくりのために－
2012 年（水戸）　東日本大震災後の被災都市再生のあり方
　　　　　　　　　－現状・課題・開発哲学－
2013 年（京都）　コンパクトなまちづくり－その論点と課題－
```

　ところで，私は2014年3月に高崎経済大学の65歳定年を迎え，立命館大学22年，高崎経済大学18年の40年間にわたる専任教員生活を終えた。本書はその節目に，コンパクトなまちづくりに関する13年間の分科会討論をまとめた出版である。

　分科会報告者である各執筆者は，コンパクトなまちづくりを是とし，共通キーワードとする研究者の集まりである。しかし，細部においては必ずしも一致した考えにならず，多様な考えがそれぞれの研究者の視点で論じられている。私がコンパクトなまちづくり研究を始めて30年以上になるが，社会的にはようやく近年，その必要性が認知され始めたところである。各執筆者の多様な考え

を読み解きながら，読者各位の感性で新しい考えを構築する機会にしていただければ幸いである。

　21世紀における知識情報社会の都市は，20世紀の工業化社会における大規模都市開発とは異なる開発哲学のもと，コンパクト化とネットワーク化を基軸に構築されるであろう。自然と人間の共生する「歩いて暮らせるコンパクトなまち」はその具象であると考える。

　　2016年3月

戸所　　隆

目　次

はじめに　　i

《総　論》
第1章　新しい開発哲学に基づくコンパクトなまちづくり……………1

1. コンパクトなまちづくりの考え方　　1
2. 都市空間の立体化・建物の街化による都市構造の変化　　2
3. 知識情報社会構築に伴うダウンサイジングなまちづくり　　3
4. 拡大型都市構造から集約型都市構造への転換　　6
5. 2つのタイプで構成されるコンパクトなまちづくり　　7
6. コンパクトな都市づくりへの必要条件　　8
7. コンパクトなまちづくりを推進する新しい開発哲学の構築　　11

第2章　コンパクトシティ政策の経緯と課題……………………15

1. はじめに：地理学への敬意と感謝　　15
2. 古い酒：コンパクトシティ　　16
3. その急激な普及　　17
4. コンパクトシティの裏表　　20
5. ありがちな誤解　　22
6. 分権ではなく協調を　　24

《都市構造を変えるコンパクトなまちづくり》
第3章　都市圏多核化研究とコンパクトなまちづくり………………27

1. はじめに　　27
2. 田園都市　　28

3．都市圏多核化研究　　31
　　4．多極型の都市圏整備と地域性　　33
　　5．コンパクトなまちづくりと地理学的アプローチ　　36

第4章　市町村合併によるコンパクトなまちづくり……43
　　1．コンパクトなまちづくりに向けた3つの観点　　43
　　2．市町村合併の進展　　44
　　3．都市計画区域再編に向けた自治体の意識　　47
　　4．財政負担の縮減　　50
　　5．市町村合併によるコンパクトなまちづくりに向けて　　53

第5章　人口減少期における足利市の都市構造変化と都市政策……56
　　1．コンパクトなまちづくりによる都市構造転換　　56
　　2．足利市の位相変化と人口減少期の都市構造変化　　58
　　3．都市政策の展開と産業構造の転換による都市構造変化　　63
　　4．人口減少期の都市構造とまちづくりの方向性－まとめにかえて－　　70

《コンパクトなまちづくりと中心市街地活性化》
第6章　歴史的建造物を活かした高田中心市街地活性化……74
　　1．歴史的市街地としての高田　　76
　　2．地域資源としての雁木と町家　　77
　　3．雁木や町家と中心市街地活性化との関わり　　79
　　4．歴史的建造物の保存と活用に関する取り組みの経過　　80
　　5．上越市のコンパクトなまちづくりをリードする高田地区　　86

第7章　英国ノリッジにおける中心市街地再生政策……88
　　1．はじめに　　88
　　2．ノリッジ中心市街地の概要とその再生のねらい　　89
　　3．ノリッジ市のリバブル・シティへの取り組み　　94

4．ノリッジの取り組みから学ぶべき点と日本の中心市街地再生の視点　99

《コンパクトなまちづくりと公共交通政策》
第8章　民官学連携による公共交通支援策への活用 ……………102
　　1．はじめに　102
　　2．市民が支える万葉線　103
　　3．富山市における公共交通を軸としたコンパクトなまちづくり　106
　　4．公共交通支援策への活用　113

第9章　中心市街地活性化に資する公共交通政策 ……………115
　　1．中心市街地循環バスの整備による利便性向上　115
　　2．中心市街地における拠点整備　117
　　3．中心市街地における施設・交通整備の効果　118
　　4．拠点整備から面的整備と回遊へ　119
　　5．無料貸出自転車による中心市街地内移動支援政策　120
　　6．無料貸出自転車の現況と改善策　121
　　7．中心市街地での自家用車対策　121
　　8．大規模駐車場の交通結節点化　122
　　9．今後の動向と結び　123

第10章　地域公共交通政策の課題と方向性 ……………………126
　　1．問題点とその背景　126
　　2．地域公共交通政策の実情と諸課題　129
　　3．コンパクトなまちづくりへの地域公共交通政策　136

《生活・産業を支援するコンパクトなまちづくり》
第11章　成熟期のニュータウンに必要なユニバーサルデザイン ……139
　　1．高度経済成長期の住宅需要と住宅供給　139
　　2．日本における主なニュータウンと千里ニュータウン　140

3．桃山台地区における高齢化　　142
　　　4．高齢者は何処に不便を感じているのか　　145
　　　5．まとめ－ニュータウンの持続可能な発展に向けて我々がなすべきこと－　　148

第12章　郊外住宅地での歩いて暮らせるまちづくり……………151
　　　1．はじめに　　151
　　　2．郊外住宅地でのくらしとコンパクトシティ　　152
　　　3．仙台市郊外住宅地の現状と問題解決への取り組み　　155
　　　4．歩いて暮らせるまちづくりとコンパクトシティの方向性　　164

第13章　ビジター産業を活性化するコンパクトなまち……………166
　　　1．ビジターを惹きつけるコンパクトなまち　　166
　　　2．ビジター産業と中心市街地の再生　　167
　　　3．館林市における地域資源を活かしたまちづくり　　169
　　　4．ビジター産業を活性化するコンパクトなまちを目指して　　176

コラム：神戸ファッション・ストリート「栄町・乙仲通地区」……………178
　　　　－都心業務地区のコンパクト化と個性化－

《防災に活かすコンパクトなまちづくり》

第14章　津波被災都市復興計画におけるまちづくりとその課題………181
　　　1．震災前後における都市構造の再編　　181
　　　2．震災後の交通環境　　189
　　　3．陸前高田市にみる津波被災都市復興計画の問題点　　191

第15章　災害に強いコンパクトなまちづくりのあり方……………193
　　　1．はじめに　　193
　　　2．都市のコンパクト性と防災まちづくりの関係　　194
　　　3．災害に強いコンパクトなまちづくりのあり方　　198

総　　論

第1章

新しい開発哲学に基づくコンパクトなまちづくり

1. コンパクトなまちづくりの考え方

　私は郊外開発を中心とする拡大型都市形成全盛期の1980年前後から，コンパクトなまちづくりの必要性を論じてきた。世の論調とは異なる考えを主張してきたのには理由がある。すなわち，都市空間の立体化・建物の街化による都市構造の変化に対応するためである。また1990年前後からは，工業社会から知識情報社会への転換に伴うダウンサイジングなまちづくりの必要性が加味された。個性的なコンパクトなまち（分都市）が水平的にネットワークしつつ大都市化することで情報化社会に適した都市構造へ再構築できるとの考えによる。さらに，1990年代中頃からは，少子高齢化・人口減少社会を見据え，効率的社会基盤整備に対応するため，自家用車中心のまちづくりを公共交通と徒歩で暮らせるまちづくりに転換する必要性を論じてきた。これは今日認知され始めた，都市構造を従前の拡大型から集約型へ転換させる主張や政策に繋がる考えである。

　しかし，多くの人びとはコンパクトなまちづくりの必要性を2010年頃まで十分に認知してこなかった。その最大の要因は，知識情報社会に転換したにもかかわらず，多くの人びとが，科学技術の力によって自然を克服し，利便性向上を図ろうとする工業化社会の開発哲学のままであったことによる。だが，科学技術を使って自然現象を克服すべく構築してきた近代都市や施設は，東日本大震災の津波や強震によって一瞬のうちに破壊された。防災意識の強い地域に

設置された巨大防波堤や堅固と言われた高さ10mの世界最大級の防潮堤の崩壊はその象徴である。この結果，明治以来構築してきた国づくりのあり方・開発哲学の根本的な再考が促され，コンパクトなまちづくりを含めた新たな地域形成が始まってきた。

新しい開発哲学に基づく地域形成には，①人間と自然の共生が不可欠であり，②強者の論理・資本の論理中心の政策から弱者の論理・地域の論理中心の政策へ，③開発規模をメガスケールからヒューマンスケールへ転換することが求められる。また，④省エネによる持続発展型社会と，⑤連携・協力を基盤とする自力更生型地域形成が必要となり，その結果として，⑥コンパクトなまちづくりによる分権社会の構築が重要視されてきている。

本章では以上の視点から，コンパクトなまちづくり研究の展開と今後の政策上の課題を検討する。

2. 都市空間の立体化・建物の街化による都市構造の変化

明治以降の日本の都市は，全体的に欧米型の都市構造・都市景観へと変化してきた。それは日本人の深層心理として欧米崇拝があり，日本の伝統的街並みより欧米の街並みが高級，木造建築より石造・レンガ造・鉄筋コンクリート造がすぐれ，低層建築より高層が良く，小規模な建物の集合より大規模な建物の方がすばらしいとの価値観が形成されてきたためと思われる。それは産業革命によって創られた工業化社会において，欧米型の建物や都市構造が機能性や合理性にすぐれた面を相対的に多く持っていたことによると考えられる。たとえば，都市空間の立体化は資本主義経済における工業化社会の構築・空間需要に応えうる有効な手法である。

そのため，日本でも1960年代の高度経済成長期以降，高層建築物や地下街，高架道路・鉄道，地下鉄などの建設によって都市空間の立体化は顕著となった。かかる都市空間の立体化によって高密度な空間創造が可能となり，都市発展にともなう市街地の拡大は，水平的拡大とともに垂直方向への拡大が目立つ。高層ビルが林立する東京・丸の内や大阪・御堂筋のようなビル街や東京・新宿の

超高層ビル群はその典型である。

　垂直的空間拡大により低層部に物品販売・対個人サービス機能など不特定多数を顧客とする機能が多く立地し，中層部には対組織サービスの業務機能，高層階に業務・居住機能などが垂直的に機能分化した。また，垂直的交通機関としてのエレベータの発達は，コンパクトで機能的・効率的な立体的都市空間を創出し，垂直的な空間利用を可能にした。その結果，一日の利用人員が数万人から 10 万人を超える巨大な超高層ビル・大規模建造物が出現し，「建物の街化」が進み，都市構造の再編成を促してきた。たとえば，主要街道沿いに形成された路線型商店街を中心核とする商業中心地は，1970 年頃から大規模高層建築物からなるスーパーや百貨店の立地による建物の街化でコンパクトな面的中心商業地に変化した。また，既成住宅地や郊外にはコンパクトな計画的商業中心地が多数形成され，都市の商業環境・商業形態は構造的に変化した。その結果，都市構造は多核化している。

　過去 40 年間の商業地中心地の変遷を見る限り，都心や郊外における都市空間の立体化や建物の街化に伴う構造変化に対応できなかった商業中心地は急速に衰退した。都市空間の立体化・建物の街化は，従前と質的に異なる空間的・機能的に高密度なコンパクトなまちづくりと，都市構造の変革を伴う開発哲学の再構築を促してきた。

3. 知識情報社会構築に伴うダウンサイジングなまちづくり

　日本社会は 1990 年前後のバブル経済とその崩壊で揺れ動いたが，他方で着実に工業社会から知識情報社会への転換が進んだ。その結果，都市空間の立体化・建物の街化によるコンパクトな商業中心地形成や大都市郊外・中小都市の自立化による多核心化など，従前と異なる都市構造が形成されてきている。

　1980 年代までの大都市化は一極集中型の都心を核に，都心と階層的にネットワークする副都心・副中心によって一体化する都市および都市圏構造であった。そのため，都心と周辺地域は上下関係で結ばれ，利便性・快適性等においても格差があった。また，大都市と中小都市との関係も同様で，大都市を上位

に置く国民意識が築かれた。しかし，1990年前後から大都市の分節化と大都市郊外や中小都市の自立化で，都市構造・都市圏構造の多核心化と個性的空間づくりが始まった。

以上の動きは，知識情報社会を技術面から主導したコンピュータ・システムのダウンサイジングに対応したものといえる。すなわち，コンピュータ・ネットワークは1980年代まで大型コンピュータとその端末からなる閉鎖的システムであった。しかし，1990年代になるとパーソナル・コンピュータの開発によるダウンサイジングと開放的な水平ネットワークシステムのインターネットが構築され，情報発信力のボーダレス化と自立化が進展した。この結果，魅力ある優れた情報であれば，誰でも共用ネットワーク経由で世界中とダイレクトに繋がり，個人でも，従来考えられなかった影響力を発揮できる時代となっている。

工業化社会では，都市規模が大きければ一定の力を発揮できた。だが，知識情報社会では，規模と共にコンテンツの創造が求められる。大都市が必ずしも優位といえなくなっている。創造空間には価値観を共有できる空間的限界がある。その結果，既存都市が知識情報社会に対応するには，都市内を分節化し，都市内結節システムを従前の階層型から，規模の大小や機能の強弱はあっても上下関係でなく同格・水平的にネットワークするシステムに転換する必要が生じた（図1）。

大都市の分節化は，大都市・大都市圏構造を根本的に変えてきた。都心は機能的に管理と消費の二面性を持ち，かつての副都心は管理機能的に都心に従属した消費中心の街であった。しかし，今日における東京の新宿・渋谷・池袋には消費機能のみならず管理機能が増加し，消費空間とビジネス空間を擁する都心化している。しかも，丸の内・銀座を中心とする都心と新宿・渋谷・池袋・品川など個性豊かに都心化しつつある地域が，相互連携によって東京大都市圏をパワーアップする方向にある。これは東京大都市圏の多核化であり，分節化による各地域の自立化と水平ネットワーク型都市圏構造への転換を意味する。

大都市の分節化は，大都市内に小さな都市を内包する分都市化である。各分都市は都心への依存体質から脱却し，地域性を生かした自律的発展により自立

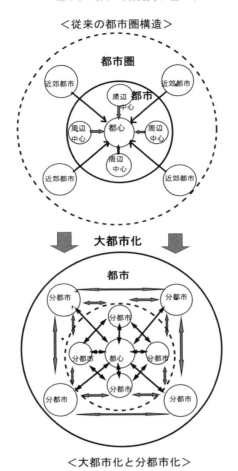

図1　大都市化と分都市化による都市構造の変化

しなければならない。また，大都市と衛星都市との関係でも主従関係を脱却し，アイデンティティ豊かな地域づくりが求められる。

　同様に地域社会も国際化と情報化によるボーダレス化の中で，小さくとも個性豊かなまちが力を持つ環境になっている。そのため，個性豊かなコンパクトなまちがその地域性や「〜らしさ」を世界に発信できる水平ネットワーク型都

市構造・都市圏構造への転換が求められた。この動きに対応した都市構造再構築理論が大都市化・分都市化型まちづくりである。東京のように大都市を分節化し，個性豊かな分都市を数多く創り，それらをネットワークすることでパワーアップを図っている。同時に地方部でも，広大な地域を分節化し，それぞれにコンパクトな個性的交流拠点を形成・ネットワークすることで機能的に大都市化することができ，大都市とも互角に渡り合える地域力を発揮できるようになった。

4. 拡大型都市構造から集約型都市構造への転換

　バブル経済崩壊後の経済停滞期，1990年代中葉には拡大型都市構造を集約型都市構造へ転換させる新たなコンパクトシティ論が加わる。その時代背景には，経済不況と財源不足の深刻化があった。また，少子高齢化や経済の空洞化・社会基盤の老朽化，約10年後に到来する人口減少社会を危惧しはじめた時である。そのため，従前の市街地を集約し社会基盤整備の効率化を図るコンパクトなまちづくりが論じられるようになった。

　20世紀のアメリカ型都市は，自家用自動車社会を構築し，市街地面積の拡大と郊外を発達させた。郊外における田園都市建設は理想的都市生活の実現であった。しかし，財政制約や地球環境制約の厳しい21世紀の都市づくりでは，アメリカ型都市には問題が多い。その主な問題点は，①画一的・機能主義的なまちづくりによる生活者への配慮不足，②生態系を無視した都市づくり，③低密度市街地拡大によるエネルギー・都市基盤整備効率の悪化である。

　21世紀の都市づくりでは，都市への人口集中，地球規模での環境問題，少子・高齢化の進展，高度情報化への対応，経済の活力低下，グローバル化などへの対応を視野に入れつつ，20世紀型都市を変革する必要がある。そのためには，①地域の雑然性や個性を生かした生活者主体のまちづくり，②あるべき自然・人文環境や空間システムの維持保全・創生を図る規制強化，③時代の変化や生活者ニーズへ柔軟に対応し得る規制緩和や分権化した社会構造の構築，④人間と自然の共生型都市づくりなどが課題となる。

これらの課題を克服する手段としては，次のことが考えられる。①車社会から脱却し，社会基盤整備の効率化を図る，②拡大都市構造を集約型都市構造に転換し，公共交通の便利な歩いて暮らせるまちを創る，③既存都市をコンパクトなヒューマンスケールに分都市化し，それらをネットワークして大都市化する大都市化・分都市化型都市構造に再構築することである。

5．2つのタイプで構成されるコンパクトなまちづくり

21世紀型都市づくりを推進するコンパクトな都市づくりには，今日的に2つの意義が存在する。低密度な郊外・市街地を拡大させる自動車対応型都市から高密度・非拡大型都市への転換が第1の意義である。その結果，第2の意義としてヒューマンスケールの高質な都市空間創造が可能となる。

今日の知識情報社会では，強いアイデンティティを持つ都市づくりが求められる。そのため，地域にとって何が重要か，何を特徴として打ち出すべきかを選択できる住民主体の分権型コンパクトなまちづくりが有効な手段となる。治安・防災・衛生面などの安全性や公共交通による移動性の確保は，都市生活の基礎条件で，安心して暮らせるまちづくりを誰もが望んでいる。この利便性や快適性に係わる政策は，環境負荷や費用対効果を勘案して，当該市民が政策提言すべきである。

人びとの基本的・日常的な都市生活は，家庭（第一空間）と職場・学校（第二空間）およびそれを繋ぐ通勤・通学路や繁華街など（第三空間）からなる。コンパクトなまちは第一空間から第三空間までが可能な限り近接し，まとまっていることが望まれる。また，基本的・日常的生活空間を徒歩ですべて移動できることが理想であるが，それが困難な場合は利便性・快適性に優れた公共交通が重要となる。

以上の視点を活かしたコンパクトなまちには，2つのタイプが考えられる。第1のタイプは，連坦型で拡大を続けた市街地を，高密度な市街地へ縮減・集約化するタイプである。市街地が広大な場合，市街地全体のスリム化と共に市街地を分節化し，コンパクトな分都市が緊密にネットワークする大都市化・分

都市化型都市構造となる。大都市の都心再開発や郊外の市街地縮減を図りつつ，歩いて暮らせる街に再構築するものがこのタイプにあたる。

　第2のタイプは，複数の市町村が広域合併した都市などである。この場合，広大な都市域に複数の生活圏設定を行い，生活圏内に分散立地する集落のうち立地条件の良い集落に諸施設や人口を集約し，利便性の高い歩いて暮らせるコンパクトなまち（分都市）に再編成する。こうして形成された複数のコンパクトなまち（分都市）を公共交通でネットワーク化・大都市化を図る。

　コンパクトなまちづくりは，分散市街地を中心市街地一つに集約することで，それ以外の市街地や集落を消滅させる政策と誤解し，反対・異議を唱える多くの人びとに接してきた。それは誤解であり，過疎地域の中にも人びとの生活拠点となるコンパクトなまちを再構築し，国土管理にも寄与することができる。コンパクトなまちづくりは生活者の視点に立ち，利便性向上を目指す都市政策である。また，コンパクトなまちづくりは単に市街地の縮小を図るだけでなく，地域の自立性・独自性発揮を求める人びととネットワーク技術が結合して形成できる知識情報社会における新しい都市づくりといえる。

6. コンパクトな都市づくりへの必要条件

　コンパクトなまちの基本条件は，鉄道やバスなどの公共交通の駅を中心に歩いて暮らせることにある。その実現には，①誰もが歩きたくなる都市環境の整備，②日常生活の利便性・快適性確保，③公共交通によるネットワーク，④求心力のある高質・高密度な積み重ねまちづくり，⑤伝統と革新の共生，⑥強力な土地利用規制，⑦町衆の活躍する交流空間，などが必要条件となる。

(1) 誰もが歩きたくなる都市環境の整備

　スピードのある自動車は歩行に比べて何倍もの空間を必要とする。そのため，多くの自動車が都市内に進入することで，必然的に市街地が低密度になり，街並みの連続性・歓楽性も欠けてくる。科学技術の発達で優れた交通手段が開発されても，歩くことは人間の基礎的移動手段で，安全・快適に歩ける空間の確保はコンパクトなまちづくりの基本的必要条件である。また，地域の歴史や文

化遺産・自然と調和した街並み形成など，地域性豊かな歩いて楽しい歩行空間整備が不可欠となる．

(2) 日常生活の利便性・快適性確保

コンパクトで高質な都市空間の創造には，日常生活に必要な各種店舗や飲食店，診療所・金融機関，文化・教育・行政機関などの対個人サービス機関，公園などの確保が歩行生活圏内に求められる．一定水準の利便性や快適性がなければ，情報・フットワークに優れた知識情報社会に生きる人びとは，それらを求めて他の地域へ移動してしまう．自家用車利用を避け，市街地拡大を防ぐためにも，歩いて自由に交流できる利便性・快適性に優れた交流拠点が日常空間内に必要となる．

(3) 公共交通によるネットワーク

歩ける空間づくりがコンパクトな都市の基本である．しかし，人間の歩行距離には限界がある．それを補うためには公共交通機関によるネットワークの整備が不可欠となる．公共交通は人口稠密で自家用車利用の少ないところほど運行路線・運行本数を増加でき，効率的で利用しやすい公共交通環境を創れる．公共交通は団子のように固まった人口集積地を一体的に結ぶ串のようなもので，そうした都市構造にして初めて可能となる交通機関である．

また，人が集積した街の賑わいは商業的な魅力とともに，人が人を呼ぶ効果も大きい．そのためには大量の交流人口を移動可能にする交通システムが必要となる．それは大量輸送機関としての公共交通以外にない．分都市内の公共交通は，バスネットワークとタクシーが基本となる．また分都市間は，軌道系公共交通機関を骨格にバスで補完するネットワークが望ましい．コンパクトなまち・分都市のネットワークで構成される21世紀型都市の成長・構築は，公共交通のあり方如何で決まるといえる．なお，個人的な移動手段として自転車利用に適した環境整備も課題となる．

(4) 求心力のある高質・高密度な積み重ねまちづくり

コンパクトな都市は，結果として一定空間内での再開発の積み重ねが生じ，歴史が重層化した都市となる．不断の魅力・求心力向上による高密度・高質な空間を創造しつづけることで，歴史が重層化したコンパクトで地域性豊かな都

市が創造される。

(5) 伝統と革新の共生

時代の変化に対応した常なる新陳代謝なしに都市の持続的発展はない。他方で，保存と更新を明確に区別して開発しない限り，地域性豊かな伝統文化を守ることも創ることも不可能となる。京都は都市内各地区が個性創出に関わるものを残しつつ，他方で最新の技術・考え方を創造・導入している。その結果として，都市全体で建都1200年の文化財と伝統文化を育むとともに，今日に至るまで日本をリードする革新性豊かな現代都市として生きている。これからの都市は，伝統と革新の共生するコンパクトな地区において，ストックとフローをうまく組み合わせることで個性的な文化を創出し，魅力ある都市の創造が可能となる。

(6) 強力な土地利用規制

コンパクトなまちづくりには，郊外へのスプロール化を抑制する強力な土地利用規制が不可欠となる。自家用車を誰もが所有でき，建物を建てれば自治体が上下水道を整備する現代社会において，都市計画規制・土地利用規制が緩ければ，地価の高い交流拠点は空洞化する他方で，安価な土地へ市街地が広がり，メダボ状態の市街地形成となる。人口減少社会においては市街化区域と市街化調整区域のメリハリをつけ，市街地のコンパクト化を誘導する必要がある。効率的で利用しやすい公共交通環境を創るためにも，公共交通路線沿いの市街化推進と，それ以外の市街化規制の強化が求められる。

(7) 町衆の活躍する交流空間

拡大型から集約型都市構造へ転換させるコンパクトな都市づくりは，地域資源を活用した再開発型都市づくりへの転換を意味する。その実現には，地域の歴史や地域性・価値観を鮮明に打ち出すべく，地域に存在する質の高い人・もの・情報・金をいかに多く交流させ，最大限活用できるかが問われる。そのため地域を熟知した町衆の存在が不可欠となる。町衆は地域に住み，働き，地域の将来を見据えながら地域の活力増進に努める人びとである。また，地域の歴史を発掘し，固有の文化を育て，地域の結束を高める祭りなどの運営ができる人材である。こうした町衆がコンパクトなまちで交流することによって新たな文

化も創造される。それは分権型都市運営を支える良きリーダー育成に繋がる。

7. コンパクトなまちづくりを推進する新しい開発哲学の構築

　近代的科学技術を駆使して自然を克服し，利便性を向上させるべく構築してきた近代都市やその施設を，東日本大震災の津波は一瞬のうちに破壊した。明治以来の防災思想や国土形成のあり方・開発哲学を再考し，新しい「国のかたち」を考える必要性が高まっている。コンパクトなまちづくりは新しい国のかたちの一つであり，その推進には次の視点に基づく新しい開発哲学の構築が求められる。

(1) 人間と自然の関係を再考する必要

　人間も自然の一部であり，自然と共生しなければならない。また，強者の論理・資本の論理中心の政策から，弱者の論理・地域の論理中心の政策への転換が求められる。さらに，開発スケールも巨大指向からヒューマンスケールへと転換し，再生可能エネルギー研究と実践で化石エネルギー資源がなくとも持続的発展のできる基盤づくりが不可欠となる。自然と共生した国土構造と地域社会へ日本を再構築することで，これまでとは質的に異なる新たな経済成長を惹起させることもできよう。

(2) 表裏の関係にある自然の恩恵と災害

　断層地形による天然の良港と地震災害，温泉観光地と火山災害のように自然の恩恵と災害は表裏の関係にある。そのため多種多様な自然の恩恵を受ける日本列島では，大災害がどこでいつ起こっても不思議でない。また，人間は災害から完全に逃れることも制御することもできない。完全防災型地域づくりは不可能であり，自然と人間との関係を根本的に再検討し，減災を如何に図るかが重要となる。

　低経済成長の人口減少社会では，想定される災害に十分に対応できる防災施設建設は財政的にも難しい。そのため自然の摂理を熟知し，自然破壊力を軽減させる技術開発による減災型地域づくりが求められる。たとえば洪水を連続堤で抑え込むのではなく，遊水池や霞堤，導水路により自然破壊力を軽減させて

きた先人の知恵にも学ぶ必要があろう。また，想定外の事態に速やかに対応できる避難システムの構築と，迅速・的確な避難を可能にする地理教育・防災教育と地域コミュニティの強化が重要課題となる。

(3) 地域の人びとによる自力更生型地域づくり

自然と人間が共生しつつ歴史的に築いてきた文化や伝統をどの地域も有する。地域社会を持続的に発展させるには有事でも平時でも，そうした地域性の継承が重要となる。そのためには地域の人びとによる地域の資源を活用した自力更生型地域づくりが求められる。それにより歴史的・地域的に育んできた人材の流出防止と雇用創出も可能となる。また，地域外から富・利益をもたらす地域性豊かな「域外市場産業」も育成でき，自律発展型自立地域を形成することに繋がる。

(4) メンタルマップの描きやすいコンパクトな都市づくり

コンパクトでメンタルマップ（頭の中の地図）の描きやすい都市では，市民が都市の将来像やまちづくりを議論しやすい。そうした都市は，大災害時に建物が崩壊して町の景観が一変しても全体像を把握でき，想定外の事態への対応にも速やかに対応しやすい。また，結果として地域アイデンティティが強化でき，地域ブランドを創出できる都市となる。

(5) 画一化・大型化を脱却するコンパクトな自己実現社会の構築

20世紀は規格大量生産により豊かな社会を構築した。他方でそれは，地域性喪失の要因となった。また，強力な中央集権国家制度は，欧米列強に近代化で遅れた日本を，効率よく成長・発展させる原動力として機能した。しかし，画一的な巨大化志向は地域文化を破壊し，今日では多様な都市発展への阻害要因になっている。

京都・先斗町は3mほどの小路の両側に町家が密集し，京都独特の景観を創り出す。しかし，この町並みは現行建築基準法上，既存不適格である。これを法令遵守で全国画一型の広幅道路に面した町並みにすれば，独特の都市景観は失われ，文化創造のできる街ではなくなる。

そのため，画一化・効率化・大型化から脱却し，コンパクトなまちが地域文化を醸成し自己実現できる開発哲学への転換が求められる。

(6) 起業家を生み出すサラリーマンに片寄らない社会形成

　地域文化は，主に，地域で生活をし，地域で働き，地域から糧を得ている人びとの連帯から生まれる。特に，地域に根ざした自営業者の地域文化創造への役割は大きい。たとえば，地域の祭りや諸行事は，自営業者に大きく依存する。また，地方政治の担い手も，自営業者の割合が高い。

　都市・地域が自律的に発展して自立するには，地域の産業を支える人材と資本蓄積が必要となる。また，常に新たな産業振興を目指す起業家の存在が重要であるが，現代社会ではサラリーマン志向が強い。起業家育成環境を整備し，サラリーマン養成に片寄らない社会の開発が求められる。

(7) 東京型・京都型まちづくりから第三のまちづくりへ

　日本の都市は明治以降，欧米型の都市構造・都市景観へと変化してきた。東京・新宿の超高層ビル群はその典型である。大規模・立体化した街並みの出現は，政治・経済・文化のグローバル化，人の動き・交流の活発化による必然的結果であり，欧米型合理主義・資本主義の具現化である。それらは世界共通現象であり，日本では東京で最初に具現化し，その後全国に「リトル東京」が出現した。筆者のいう「東京型都市開発」である。

　他方で，日本の伝統的都市景観を維持しつづけてきたのが京都である。農業時代の首都・京都は伝統的都市景観を単に保存するだけでなく，日本の伝統美を生かして東京とは異なる新しい都市景観を創造してきた。こうした伝統的都市景観を都市のアイデンティティ育成に生かした開発手法を，筆者は東京型に対して「京都型都市開発」と呼んでいる。

　明治以降，日本の伝統的な都市景観は，価値の低い非近代的なものとして，東京型都市開発につぶされてきた。そして東京文化による画一的なまちづくりが，中央集権体制のもとで行われ，地域の個性は逸失した。しかし，岡山県倉敷市では，倉敷駅前地区を再開発により東京型のコンパクトなまちを，他方で，駅前に隣接する倉敷河畔の伝統的街並みは美観地区として保存・修復し，京都型のコンパクトなまちに修景した。このコントラストのある都市形成が倉敷の都市的イメージ向上に大きく貢献している。

　記憶喪失のまちには安定感がなく，人材も集まらない。そのため，近年，都

市の顔としての他地域にはない歴史的遺産などを生かしたランドマークづくりが盛んになっている。知識情報化時代においては，東京型でも京都型でもない第三の都市づくり手法を開発し，日本独自のコンパクトで歩ける街へと再生させねばならない。

　かつての京都は，西陣や祇園・伏見など多くの個性的な町の集合体であった。町なかに多くの大学人や文化人が住み，気軽に議論できる環境から多くの文化・哲学や科学が創造された。また，商人や職人が才や技を競い，京都独特の町衆文化を今日に伝えている。多種多彩な人びとが交流しやすいコンパクトなまちが知識情報化時代には必要である。

　これからも郊外開発は続けられるであろう。しかし，それは主流ではなく，公共交通と徒歩で暮らせるコンパクトなまちづくりこそ，環境負荷の少ないこれからの都市づくりといえよう。都心の再活性化もその視点から推進する必要がある。新しい開発哲学に基づくコンパクトなまちづくりは，東日本大震災後の新たな国のかたちを構築するためにも不可欠な都市開発手法である。

（戸所　隆）

〔参考文献〕
高崎経済大学産業研究所編（2001）『車王国群馬の公共交通とまちづくり』日本経済評論社, 280p.
戸所　隆（1986）『都市空間の立体化』古今書院, 242p.
戸所　隆（1992）『商業近代化と都市』古今書院, 333p.
戸所　隆（2000）『地域政策学入門』古今書院, 212p.
戸所　隆（2001）「分都市化と大都市化－コンパクトな21世紀の都市づくり」日本都市学会年報34, pp.160-165.
戸所　隆（2002）「コンパクトな都市づくりによる都心再活性化政策」季刊中国総研6-1, pp.1-10.
戸所　隆（2004）『地域主権への市町村合併－大都市化・分都市化時代の国土戦略－』古今書院, 171p.
戸所　隆（2004）「鉄道を活かした大都市化・分都市化構造のまちづくり」日本都市学会年報37, pp.209-213.
戸所　隆（2010）『日常空間を活かした観光まちづくり』古今書院, 190p.
戸所　隆（2014）「新しい開発哲学に基づく地方分権型地域政策－平成の大合併後の地域づくりの方向性－」日本地域政策研究13, pp.14-21.

第 2 章

コンパクトシティ政策の経緯と課題

1. はじめに：地理学への敬意と感謝

　筆者らはプランニングの専門家という立場から都市の研究を行っている。プランニングの目的についてきわめて限定的で狭い定義をすると，「無計画なスプロール都市ができてしまうことを如何に避けるか」，を主眼とする研究分野である。海外の大学ではプランニングの学科は一般的な存在であるが，日本の中では幸か不幸かきわめて少数派である（ちなみに，「幸」の部分は重要な仕事を担いやすいということで，「不幸」な部分はその存在自体をなかなか知ってもらえないということである）。そのプランニングにとって，地理学は最も重要な素養である。筆者らは，計画の中で地理的な視点や課題が軽く扱われることに耐えられない。なぜなら，そのようなプランがうまくいくはずがないからである。計画の中ではどのようなシーンにおいても，地理学という学問分野が軽く扱われることがあってはならず，機会あるごとに地理学を重視すべきという発言を行っているのが現状である。

　一方で地理学の立場から見れば，プランニングは「工学」という範疇でくくられて見られているように感じている。ところが，工学の立場から見れば「プランニング」はかなり浮いた存在である。なぜなら，極論すれば工学は「つくる」ことしか考えていない学問であるが，プランニングは「つくる」か「つくらない」かを判断するための学問であるためである。その両者には大きな隔たりが実は存在する。このようなこともあって，日本の中ではなかなかプランニングの居場所が無い，というのが正直な実感でもある。また，地域の計画に関わる工学だけの専門家，また経済学だけの専門家は数多い。しかし彼らは「つ

くる」ことや「もうける」ことに興味はあっても，まちづくりに携わっているという意識がそもそも希薄な場合も多い（そのすべてがそうだというわけではない）。「つくる」ことと「もうける」ことしか考えていなければ，貧困な都市しかできないのは当たり前のことである。

　なお，筆者（谷口）は学生時代における京都大学の地理同好会所属以来，地理学の多くの優れた先生方の謦咳に触れるというまたとない幸運を得た。また，助手として勤務してすぐに，当時カリフォルニア大学のバークレイ校で研究所を統括していたピーター・ホール教授のもとで1年間研鑽する機会にも恵まれた。彼はその経歴から，地理学とプランニングの両方を等価に専門にしており，その地理学に裏付けられた計画への深い洞察から多くを学ばせていただいた。これら数多くの幸運の重なりから，都市地理学分野の先生方と共同研究させていただくと同時に，日本地域政策学会で発表する機会を得るに至っている。プランニングの専門家としては稀有な有り難い人脈に恵まれたことに深く感謝している。

2. 古い酒：コンパクトシティ

　筆者（谷口）がまちづくりのお手伝いをするようになったのは1990年代半ば以降である。バブルも過ぎ去り，そもそも開発で景気のよかった年上の方々とは明らかに時代が異なる。ただ，コンパクトシティに関する考え方は，プランニング分野では何も新しいことではない。冷めた見方になるが，コンパクトシティとは都市のプランニングというもののコンセプトが，少し新しい装いで取り上げられるようになっただけのことと理解している。

　いつの時代にも都市の非効率な拡張を防ごうとするプランナーの努力はあったが，それらは主に地主や住民の様々な形での反対を通じて葬られ，そしてほぼ実現されなかった姿が今日の日本である。都市の非効率な拡張を通じて得られる不労所得や開発利益の発生を個人の私権の名のもとに野放しに社会が許してきたことが，きわめて大きな禍根を現代に残している。プランニングに関わる諸先輩方は，戦後，東京大都市圏で郊外に開発を禁じるグリーンベルトをは

ろうとした。また，幾多の都市で市街化調整区域を指定することでスプロールを止めようとした。しかし，それらは地主や住民の要望や反対を通じて却下され，また採用されたとしても骨抜きにされていった。日本は本当に私権に対して甘い社会である。我々は（少なくとも筆者らは）今，単に旧来から存在したプランニングをコンパクトシティと呼んでいるだけと言っても過言ではない。

実際に，コンパクトシティという用語が前面に出るまでは，たとえば海外では，グロースコントロール，グロースマネジメント（成長管理），スマートグロースといったコンセプトが次から次に現れては目の前を通り過ぎて行った。これらはすべてプランニングを少しでもうまく機能させるため，その時代に応じて考案された用語であり，いずれも開発抑制をその基調としている。

コンパクトシティというコンセプトが今日特に注目されるようになったのは，人口減少社会が呈する問題が誰の目にも様々な形で飛びこむようになってきたからである。新たなメシの種になるかもしれないと思ってこの用語に飛び付き，そして思い通りにならないことに気づいて投げ出した人を，筆者らは既に何人も知っている。ただ，そのような紆余曲折があっても，個人の利益の追求ではなく，最低限の協調が必要となる社会的行為であるプランニングに対し，コンパクトシティという用語が理解のきっかけとなるなら，それは無駄ではないと感じている。

3. その急激な普及

2010年までのコンパクト化政策の導入と展開については既に整理しているため[1][2]，ここではそれ以降の展開も含めてごく簡単にまとめておく。まず，よく知られた話として，コンパクトシティという用語自体は1973年にサティらが提唱したものである。それは空間の有効利用という観点から，建築デザイン的な要素が強かった。現在のような持続可能性を含んだ概念では全くなかった。コンパクトシティが再度登場するのは，1987年の国連ブルントランド委員会による持続可能性に関する報告以降であり，ノルウェー，英国，オランダ，ドイツなどの欧州諸国で様々な形で80年代末から90年代前半に政策導入

が進められた．また，計画や工学の分野でも，関連する理論的，実証的研究は2000年になるまでほぼ完了したといえる．地理学の分野でも都市圏の本質的な構造転換の指摘が早くからなされていた[3]．

一方，このような状況にも関わらず，2000年を過ぎるまで日本政府はコンパクトシティ政策に興味を示すことさえなく，その導入にはむしろ抵抗があった[1]．後述するように，一部の地方自治体の方が先にマスタープランなどの中で取り上げ始めたというのが実情である．政府の政策として導入を進めるために，あくまで筆者（谷口）の関わった範囲であるが，都市計画学会，土木学会，交通工学研究会，不動産学会などでの学会活動，国土審議会や社会資本整備審議会などでの審議会活動を通じ，2005年頃にようやく社会の風向きが変わり，2007年7月に国の政策として地方自治体に推奨するコンパクト政策の絵柄が何とか完成した[4]．

しかし，一転してその後は堰を切ったような流れになる．2012年にはエコまち法と呼ばれる「都市の低炭素化の促進に関する法律」が成立し，法律の上でもコンパクトなまちづくりがサポートされることとなった．郊外公共施設の除却費補助などを通じ，コンパクトなまちづくりを進めるための予算措置も遅ればせながら実現するに至っている．現在も実質的な集約化をおしすすめるための新たな措置が継続審議されており，政策としての厚みは今後一層増加していくことが予想される．EU諸国には大きく遅れをとったが，現在制度面で急速にキャッチアップを進めようとしているのがわが国の現状である．

最近では社会的な認知の向上に伴い，コンパクトシティの効用がさらに様々な形で明らかにされてきている．特に老朽化に伴うインフラの維持管理需要が増えるに従って，行政コストの削減という観点からコンパクト化の効果は非常に大きいことが示されている．また，人口構成の高齢化に伴い，公共交通ネットワークの充実や歩いて暮らせるまちづくりの重要性がようやく認知されはじめ，医療や福祉の観点からも都市コンパクト化が推進されようとしている．2013年に交通政策基本法がようやく成立したのもこのような動きと無縁ではない．最新の動向としては，2014年8月の都市再生特別措置法の改正を通じて公共交通ターミナルを中心とした「都市機能誘導地区」の指定が進むものと

考えられる。個人的には院生時代に提案した「都市機能集積地区」[5]と同様の仕組みが四半世紀をかけてようやく実現することとなり，感慨深いものがある。

このような空気の変化に伴い，多くの地方自治体はコンパクト化政策を都市づくりの柱にしようとその姿勢を変化させている。たとえば，各都市のまちづ

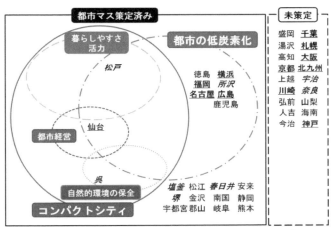

図1　各都市マスタープランの記載内容（2001年時点）[6]

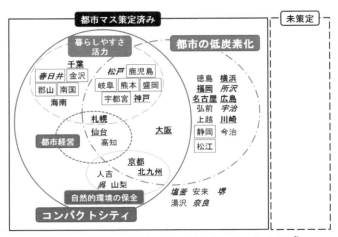

図2　各都市マスタープランの記載内容（2010年時点）[6]

くりの基本方針であるマスタープランの書きぶりを追うと，その変化が見えて興味深い。たとえば政府の全国都市交通特性調査において，継続して調査対象とされている40都市のマスタープランを細部まで読み込んだ結果，2001年から2011年の10年間だけで図1，図2に示すような大きな変化が見られる[6]。

この図から明らかな通り，2001年時点では40都市のうち，コンパクトシティに該当する政策を標榜しているのはたった3都市であった。政府がコンパクト化の方針を示す以前のことであるので，当然といえば当然である。それがわずか10年後である2011年には22都市に増加している。ちなみに2001年時点ではマスタープラン未策定の都市がまだ18もあったが，2011年時点では対象としたすべての都市がマスタープランを策定している。

なお，何のためにコンパクトシティを導入しようとするかという，いわゆる「動機」は都市によってそれぞれ異なる。具体的には，2011年にコンパクトシティ政策を標榜している22都市のうち，都市の活力や暮らしやすさ向上のためにコンパクトシティを導入するとした都市が14，低炭素化のためが13，自然的環境保持のためが5，効率的な都市経営のためが3である。この合計が22を上回るのは複数の政策目標を掲げている都市があるためである。札幌市を例にあげると，活力や暮らしやすさ向上，低炭素化，効率的な都市経営の3点をその目的として掲げている。

4. コンパクトシティの裏表

このような急激な普及が進むコンパクトシティ政策であるが，実際の地方自治体における計画担当者はこの動きをどのように感じているのだろうか。この課題に対し，政府のコンパクトシティ政策への転換が提示された2007年7月以降，講演会などの機会を通じて13回にわたり合計約1,000人の全国の自治体における政策担当者を中心に，簡単な意見聴取を行った。具体的には様々な項目に対し，講演前の段階で，「そう思わない（得点1）」から「そう思う（得点5）」までの5段階評価で複数の項目について意見聴取を行った。そして，ここで得られた結果は衝撃的であった[7]。まず，「コンパクトシティの考え方

を理解できるか」「受け入れられるか」といったほとんどの項目において，3.0前後の回答平均値が得られた。これに対し，項目群の中で圧倒的に低い値(1.74)を示したのが，「コンパクトシティは実現可能である」という項目であった。地方自治体は先述したようにプラン自体はコンパクトシティ志向へと大きく舵を切っている。しかしその陰でそれを担うべき担当者は「どうせできない」とうつむいているのである。

　できないという理由もあわせて尋ねたところ，共通に指摘されたのが，「市民の無理解」「予算の欠如」「専門的知識の不足」の3点であった。専門的知識については勉強さえすれば何とかなろう。しかし，地主や住民の開発利益に対する期待を抑えることは日本の現状ではきわめて難しいことが改めて浮き彫りにされた形である。時と場合によって，住民参加はまちづくりにおいて多くの効果を生むことは事実であるが，個人の開発利益がからむ局面では全く異なる様相となる。このような基本もふまえず，コンパクトシティ関連政策に安易に住民参加を推奨することは思考停止としかいえない。また，思考停止という意味では，アイデアがなければとりあえず公共事業批判を行っておくという現在のメディア環境も同様に問題である。そのもとではドイツで実施されている減築のような効果的で新たな縮退型公共事業に予算がつく見込みさえなく，コンパクト化そのもののために使える予算は現時点ではきわめて限られている。表ではコンパクトシティを推奨しながら，裏では社会全体でその足を引っ張っているというのが，まだ現状なのである。

　コンパクトシティ政策実践の鍵を握る自治体の担当者が心の中で「どうせできない」と思っているようであれば，それは絶対にできるはずはない。そのような状況の中でコンパクト化政策を表面的にでも推し進めようとすれば，実際に何がおこるのか。それは実質的にはコンパクト化政策に相当しないものをコンパクト化政策と呼ぶ歪んだ現実を生むことにつながる。そして，そのような現象は残念ながら既に発生している。実際に都市拠点の位置付けを明確にプラン上で行おうとしている44都市を対象にマスタープランを読み込むと，合計で553もの拠点地区が設定されている。もちろん拠点の性格は多種多様であるが，総体としてこの数字は，各地域の住民や議員への配慮が生んだ結果でなく

ていったい何であろうか[8]。

5. ありがちな誤解

　コンパクトシティ政策が受け入れられている場合でも，その内容が適切に理解されているとは限らない。たとえば，都心に高層マンションを増やせばコンパクト化が実現できるという思い込みなどはその典型である。持続可能な暮らしを実現して行くことが究極の目的であるため，見た目に高層ビルが多いかどうかは実質のところ，その目標達成とはほとんど無関係である。世界に目を広げれば，ドイツの地方都市などでコンパクトまちづくりとして成功しているところでは，民間による高層化とは全く真逆の，公共による減築を選択しているケースもある。

　そこでは公共交通の利便性をきわめて高く保つことで市民のコンパクトな暮らしを体現している。一方で，アメリカ合衆国のヒューストンを代表とするような諸都市では，都心に超高層ビル群は存在する一方，圏域全体で自動車依存が甚だしく，今後に推奨できるような都市形態とはいえない。ちなみに，ヒューストンは土地利用計画が存在せず，野放図な土地利用が許された都市であり，そのような枠組みに従う限りコンパクトシティ政策が実現することはありえない。思考停止した規制緩和によって，単に都心に高層ビルが増えればコンパクト化の目的が達成できると考えるのは明確な誤りである。

　時間的な展望に欠けるため，何が課題解決の本質かということが誤解されている場合も少なくない。たとえば，図3および図4に都市交通特性調査を経年的に実施している都市において，都市のコンパクト性の代理指標とも言える市街化区域人口密度と，居住者の一人当り自動車CO_2排出量の関係の経年的変化を示す。この図より，それぞれの時点のみにおいては，人口密度が高くなるほど（＝コンパクトであればあるほど）交通環境負荷が下がるということは明確な事実といえる。これは，コンパクトシティ政策の導入が支持される所以でもある。

　一方で，両図を経年的に比較してみると，全く異なる事実が明らかになる。

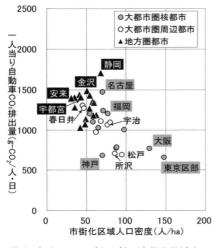 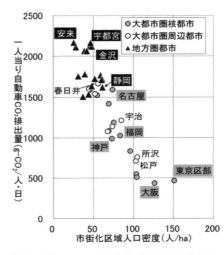

図3 都市のコンパクト性（市街化区域人口密度）と環境負荷の関係（1987年）[9]　　図4 都市のコンパクト性（市街化区域人口密度）と環境負荷の関係（2010年）[10]

たとえば，50（人/ha）の縦のラインの付近に分布する都市を見ると，経年的にそのコンパクト性に変化は無くとも，その一人当り自動車CO_2排出量が大きく増加している。

　このように地方都市での居住密度がそれほど変化していないのに，その自動車依存が進んだ最大の理由は，各世帯における自動車保有の増加によるものである。以前は世帯に1台しかなかった自動車が，今では世帯構成員の各々が個別の自動車を保有し，それを自由に使用しているためにこのような変化が生じたといえる。なお，両図を比較すると東京区部や大阪など，公共交通網が完備された大都市ではむしろ自動車利用が減少している。これはガソリン価格高騰など経済的影響が少なくないと考えられる。都市の形や構造を直接変えることにも増して，生活スタイルを見直さなければ本質的には何も変化しないし，社会経済的影響の配慮も不可欠であることが理解できる。

　時間的な展望は将来にわたっても重要である。今後の人口減少に伴って郊外部でも商業，医療，公共交通といった様々な都市サービスの撤退が予想される。筆者らが松江市やいわき市の住民に対して実施した調査では，そのような来る

べき撤退に伴って生活が困難になるリスク（筆者はこれを「都市構造リスク」と呼んでいる）に対する認識は全般にきわめて低調であった[11]。自分が運転できなくなっても，近所で必要な都市サービスは供給され続けると考えているのである。なお，このような現象に対しては，厳密に将来を考えると必ずしも明るい展望が見えないため，自分の精神衛生のために，認識するという行為そのものを意図的に回避しているという可能性もある。そうであれば，たとえ行政がいくら今後の問題に関する情報提供を行っても，住民はそれを目に入れようとしないのは当然といえる。そのような住民心理までを読んだ対応が今後は不可欠となる。

　確かに都市構造リスクの顕在化に伴う生活の困難化は一気に発生するものではない。しかし，職住が揃った形でコンパクトな都市構造を実現できなければ，それはゆっくりと，しかし確実に日々の暮らしと命までを奪っていく。それはあたかも，ゆっくり時間をかけてやってくる見えない津波に襲われるようなものである。なお，リスクというと，一般に防災上の観点からの議論も忘れることは出来ない。たとえばコンパクトに市街地をまとめることで，自然災害からの防御性能を高めようという議論も最近では散見される。しかし，これについても注意が必要なのは，都市によって全くケースバイケースであるということである。たとえば豊田市などは，洪水が発生するとまず集約先として考えられる中心市街地から水没してしまう。それぞれの都市において丁寧にプランを作成していくことが必要不可欠な所以である。

6. 分権ではなく協調を

　公益性や公共性に関する社会的な基盤が十分でない中で，昨今の社会の基調である「規制緩和」と「分権化」は，以上述べてきたように中身のあるコンパクト化政策を阻害する側面があることに注意が必要である。地方によって対応や傾向は様々であるが，自治体に計画権限が降りていったことで，今こそ必要とされる計画の広域的視点はますます弱くなっている。その地域が自分の地域をいいようにできるということは，計画上の様々な詭弁をも生むことがある。

たとえば，これからは人口減少社会なので，人口増加社会を前提に整備された線引きは不要になる，といったことが線引き廃止の根拠としてまことしやかに語られている。そしてそれが，地域の住民合意としてあがってくる。合意としてあがってきたものは，基本的に実際には誰もが止められないきわめて民主的な制度の仕組みの中で一層の都市拡散が進行している。

現在日本の各所で頻発しているこのような反コンパクト化の動向は，まさにゲームの理論の教科書の最初にある「囚人のジレンマ問題」にあてはまる。都市圏全域を構成するプレーヤーである各自治体（プレーヤーを住民個人として考えてもかまわない）間で協力して縮小すれば最も効用が高くなるにもかかわらず，周辺の自治体より自分が得になるような利己的選択をそれぞれが行っている。このため，結局都市圏全体では協調性に欠ける最悪の選択を行っていることになる。そこに必要なものは地域分権でも地域の自主性でもない。それを排することがあたかも先進的なことのように言われてきた「広域的協調を担保する仕組み」こそが，実質的なコンパクトシティ実現の上で最も必要不可欠なものといえる。

これは日本だけが直面している問題ではない。ローカリズムという用語が安易に誤用されていることは，海外のプランニング分野の研究者も指摘しているところである[12]。プランニングに関わるこのような課題が，関係する異なる学問分野間で広く，そして誤解無く，地理学がもたらす洞察の上に共有されることを切望したい[13]。

（谷口　守・肥後洋平）

〔注〕

1) 谷口　守（2008）「コンパクトシティ論」，近畿都市学会編『21世紀の都市像－地域を活かすまちづくり－』古今書院，pp.11-21.
2) 谷口　守（2010）「コンパクトシティの「その後」と「これから」」日本不動産学会誌 24-1，pp.59-65.
3) たとえば，藤井　正（1990）「大都市圏における地域構造研究の展望」人文地理 42-6，pp.40-62.
4) 国土交通省都市・地域整備局（2007）「集約型都市構造の実現に向けて－都市交通施策と市街地整備構造の戦略的展開」https://www.mlit.go.jp/common/000128510.pdf　2014年1月15日最終閲覧

5) 谷口　守・天野光三（1989）「京阪神都市圏における都市機能集積地区に関する実証的分析」計画行政学会関西支部講演論文集 9, pp.69-72.
6) 谷口　守・肥後洋平・落合淳太（2012）「都市計画マスタープランに見る低炭素化のためのコンパクトシティ政策の現状」環境システム研究論文集 40, pp.395-402.
7) 谷口　守・芝池　綾（2008）「都市コンパクト化政策に対する都市計画行政担当者の態度形成・変容分析」土木学会論文集 D 64-4, pp.608-616.
8) 肥後洋平・宮木祐任・谷口　守（2013）「拠点の階層性に関する計画と実態－都市計画マスタープランに着目して－」不動産学会学術講演集 29, pp.57-64.
9) 谷口　守・松中亮治・平野全宏（2008）「都市構造からみた自動車 CO_2 排出量の時系列分析」都市計画論文集 43-3, pp.121-126.
10) 谷口　守・肥後洋平・落合淳太（2013）「地方分権時代における自動車 CO_2 排出量低減政策の可能性－都市計画マスタープランを対象に－」土木計画学研究・論文集 30, pp.613-620.
11) 安立光陽・鈴木　勉・谷口　守（2012）「コンパクトシティ形成過程における都市構造リスクに関する予見」土木学会論文集 D3 68-2, pp.70-83.
12) Gallent, N. and Robinson, S.（2013）: *Neighbourhood Planning, Communities, Networks and Governance,* Policy Press.
13) 戸所　隆（2011）「大都市化・分都市化型地域形成による地域アイデンティティの再構築と地域主権の確立」学術の動向 16-3, pp.75-78.

都市構造を変えるコンパクトなまちづくり

第3章

都市圏多核化研究とコンパクトなまちづくり

1. はじめに

　地理学などで展開してきた都市圏多核化研究から，21世紀における都市のビジョンであるコンパクトなまちづくりへの展開の可能性については，先に論じたことがある（藤井，2009・2012b）。この小論では，その際十分に論及できなかったハワードの田園都市との関係，そして田園都市や衛星都市が都市圏構造の中で持つ意味を再検討し，また関連分野を含め，その後展開された研究も検討し[1]，それらを通して21世紀の日本の都市圏の課題と多極型コンパクトシティという都市圏ビジョンに焦点をあてて考えてみたい。

　本書の企画において戸所は，今後のコンパクトなまちづくりの必要性について，次の3点から論じてきたとした。第1は，都市空間の立体化による都市構造の変化への対応，第2の理由はダウンサイジングなまちづくりの必要性で，個性化と水平ネットワークを図り，情報化社会に対応した大都市化・分都市化型都市構造に再構築するためである。第3の理由は，車社会から脱却し，社会基盤整備の効率化を図るために，拡大型都市構造を集約型都市構造へ転換して，公共交通が便利で歩いて暮らせるまちづくりを目指すことにある。

　第2点の大都市化・分都市化型都市構造については，戸所（2004）に詳しい。そこでは平成の合併による市域の拡大の中で多核型の地域構造とコンパクトなまちづくりの必要性が説かれている。これは大都市圏の研究（戸所，1994）から展開したものであり，成田（2010）とともに地理学の都市圏研究の方向性を

示す代表的なものである。またその後には実際に，地方の大規模合併都市の新潟県上越市において，地域自治区という形でこうした「分都市」における個性化を進めると思われる自治の展開が見られる（山崎仁朗・宗野隆俊，2013）。第3の点は，まさにコンパクトシティ論として研究され，今まさに日本でも，まちづくりへの展開が問われている点である（藤井，2014）。このようにこの小論では，上記の第2点，第3点について主として論じたい。

さらに戸所は，最近とりわけコンパクトなまちづくりという方向性が求められる背景として，次のような新しい哲学に基づく地域形成の方向性があるとする。①人間と自然の共生，②強者の論理・資本の論理中心の政策から弱者の論理・地域の論理中心へ，③開発規模のメガスケールからヒューマンスケールへの転換，④省エネによる持続発展型社会と⑤連携・協力を基盤とする自力更生型地域形成の必要性。そして，その結果としてコンパクトなまちづくりによる分権社会の構築にたどりつくとする。筆者もまた，こうした地域指向の社会的な方向性について注目し，後述するようにこれまで論じてきた。

実はこれらの要素は，上記の田園都市のコンセプトにその多くが含まれている。ハワードが田園都市を考えていた時代は車社会以前であるから当然だが，田園都市構想は，徒歩や公共交通によるコンパクトな都市形成であり，過大集積による都市問題からの解決を目指し分散的な多核型構造を持つ。田園（自然環境）と都市の融合を目指し，社会改革運動として住民参加による都市のマネジメントを考えている。そこでまず，最近展開している田園都市の研究から21世紀のまちづくりと田園都市の関係を検討したい。

2. 田園都市

10年ほど前，21世紀に入る頃から田園都市が再び注目されるようになった。ハワードの初版本が Peter Hall らの解説とともに復刻されたり（E. Howard, 2003, *To-morrow : A Peaceful Path to Real Reform*, with new commentary by Peter Hall, Dennis Hardy & Colin Ward, London ; New York : Routledge），日本やアメリカの都市計画関係者や都市開発の関係者も加わったシンポジウムがイギリスや

日本で開催され（齊木，2002），関連研究書も次々と出版された。これは，初版や第2版『明日の田園都市』の刊行，あるいはレッチワース建設から100年を記念するということもあったが，20世紀の都市計画の転換が始まり，21世紀のまちづくりを考える中で，田園都市構想の新たな価値が注目されたものでもある。

　田園都市（Garden City）は，イギリスの社会改革家のハワード（Ebnezer Howard）が1898年の著書，"*To-morrow: A Peaceful Path to Real Reform*" で提示した都市ビジョンであり，この本の第2版ではタイトル"*Garden Cities of Tomorrow*"（1901年）として示され，1903年に田園都市の第1号としてロンドンの北にレッチワース（Letchworth）が建設された。この田園都市の構想と建設・運営は，いうまでもなく20世紀における世界の郊外開発に多大な影響を与え，そして21世紀のまちづくりにおいても参考となるものである（中井，2002）。

　田園都市構想は，産業革命下のイギリスの都市における社会問題や環境問題を背景とする社会改革家であるハワードが，新たな都市建設による社会改革策として主張し実践した都市ビジョンである。この田園都市の特徴は，まず「都市と田園の結婚」とたとえられるように，都市の利便性と田園環境の融合を図る点にある。

　第2に，過密化した大都市からの都市機能の計画的な郊外分散である。ハワードの田園都市は，東京の田園調布や大阪の千里山住宅地などの郊外住宅地，あるいは世界中に展開した20世紀のニュータウン開発のルーツとして見られることが多い。これはこの第2の特徴の20世紀における展開に起因する。いうまでもなくニュータウンは，ハワードの田園都市を継承したものであり，ロンドン大都市圏のグリーンベルト外側に，田園都市より大規模化な計画的都市として公共により開発されたことに始まる。なお，イギリスのニュータウンは田園都市のコンセプトを踏襲し，職場も有する自立的な都市としての性格を持つ。これは都市圏構造を考える上で重要な点となる。

　第3に，コミュニティの重視である。住民重視の都市の建設と運営は，実験都市・レッチワースが，行政と民間企業の狭間でさまざま曲折を経つつも，21

世紀的な非営利組織による運営の姿として100年以上の歴史で示してきた（西山，2002；菊池，2004）。

　ハワードの田園都市構想やレッチワースの建設は，本来は，公的な開発でも民間企業による開発でもない。ハワードは19世紀ロンドン等の産業都市の都市問題に対して社会改革を志した人物であり（東ほか，2001），マルクスなどと同様に社会改革を進めようと意図した。ただその方法は，革命ではなく，初版のタイトルが示すように平和な社会改革の道としての田園都市（コミュニティ）の建設であった。初版の図に示されるように，中心都市の周辺の田園の中に人口3万人程度の田園都市群を配置し，鉄道や運河がこれらを結ぶ。これら都市群が構成する都市圏をハワードは社会的都市(Social City)と呼ぶ。また，都市と田園の融合は，景観だけでなく，田園の保全や管理も都市経営の一環として行う点でもシステム化されていた。また，環境と調和する循環系も志向されていたという（東ほか，p.114）。

　衛星都市という概念も，本来は単に郊外都市という意味ではなく，田園都市に由来する母都市との関係をもちつつも生活圏としては自立した都市を意味する（西山，2002，p.92；藤井，1981）。このように19世紀末から20世紀初めのイギリス等における田園都市や衛星都市，そして就業機能も有した職住一致の英国型ニュータウンは，大都市のスプロール的拡大を抑制するため，中心都市通勤圏の外で職住は近接し自立性を有しながらも，経済的には中心都市と結合した性格を有するものとして性格付けられてきた[2]。多核的な都市圏整備との関連については，たとえば中井が田園都市を含めハワードの提示する都市圏構造である社会的都市（Social City）をもとにHallらが提示する「ソーシャブルシティ」について，日本におけるコンパクトなまちづくりとの対比で検討している（中井，2002）。また，西山康雄は「小都市分散ネットワーク」として田園都市構想を位置づけている（西山康雄，2002）。

　21世紀のまちづくりにおいては，環境負荷を軽減し社会的にも持続可能なものとするため，公共交通の利用が可能で職住が近接し様々な機能が混在するコンパクトシティなどが提示され，住民の参加によるまちづくりや運営が求められている。ハワードの田園都市におけるコミュニティによる都市運営や田園

の一体的管理は，現代のまちづくりと共通するものであり，郊外にこのような自立性を持つコンパクトな街を連ねて公共交通で結ぶプランは，都市圏の多核化や現代の多極型コンパクトシティ構想につながるものである（藤井，2009）。このように田園都市は，足かけ3世紀にわたる先進性を持った都市ビジョンなのである。

3. 都市圏多核化研究

都市圏という都市と周辺地域を一体として把握する視点は，近代都市が爆発的に拡大を始めてとりわけ重要となってきたものである。そして，今後の地域政策においても，都市地域や郊外だけでなく周辺村落部も含めて，重要と考えられている[3]。

また多核的な都市圏構造は，上記の田園都市以来の課題であり，日本の都市地理学では，戦後，郊外化と中心地構造をめぐる都市研究の議論があり，1980年代には大都市圏の反都市化，構造変化，多核化や郊外の自立化の議論として展開してきた[4]。そして，これは多極型が説かれるコンパクトシティ論などの近年における21世紀の都市ビジョンや都市整備の方向性をめぐる議論とも深く関わるものとなっている（藤井，2009；成田，2010）。

こうした研究や議論の中で，とりわけ規模の大きな大都市圏を例に，その空間的構造に関わって提示されてきた概念には図1に示すようなものがある。一般に都市圏と呼ばれる空間的範囲は，市街地連担地域，通勤圏に代表される日常生活圏，経済圏などの影響圏という三層構造をなす。このうち日常生活圏が狭義の都市圏・大都市圏とされてきた（藤井，1995）。

さらにアメリカ合衆国の大都市圏では，経済機能の郊外化が分散的多核化から機能が集積する集中的多核化にすすみ，郊外核からエッジシティ・郊外都心と呼ばれるものも形成される場合もある[5]。また郊外都心（郊外核）をめぐっては，そこへの通勤圏などと考えられる超郊外（ex-urb：原語を直訳すると超都市圏）といった概念も示されてきた。人口の郊外化や工業郊外化を追って第3次産業の郊外化が進み，第3次産業の中でもオフィスの意志決定部門の郊外

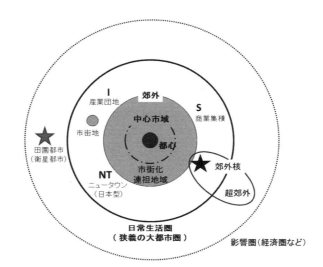

図1　大都市圏の空間的構造（藤井，2014）

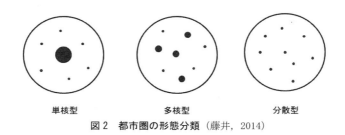

図2　都市圏の形態分類（藤井，2014）

化と集積が多核化の最終段階とする考え方である。

　アメリカの大都市圏は図2に示すように，都心の集積が圧倒的に大きい単核型，アトランタのように郊外都心を有する多核型，都心集積も小さい分散型に分類されることもあり，これも都市圏の発展段階として整理される場合もある。しかしながらオフィスの意志決定部門という経済中枢性と，狭義の都市圏となる日常生活圏は性格が異なり，都市圏の構造を経済中枢性をもとに分類することは適当ではないと考えられる。単核型，多核型，分散型の都市圏も，発展段階よりも形態分類としてみる方が適当であり，そこでは核の内部構造や密度も

問われることとなる[6]。

　日常生活圏の構造に関する議論としては，通勤流動の変化が分析対象とされてきた。郊外における就業地の増加とともに郊外間流動の増加も顕著であり，それが超郊外化のようなミニ都市圏的な構造をつくるのか，錯綜した流動を展開するものかも問われる点であった[7]。しかし，そのようなアメリカの郊外都心では，最近では自動車交通に支えられた巨大な郊外核の職住近接性への効果に疑問も示されている（Matsuo, 2011）。これはまた上記の郊外核の低密度性という内部構造の問題や，高所得のオフィス・専門就業者層と集積の関係などとも関わる問題である[8]。

　一方，日本では，郊外第2世代の動向が注目され，特に首都圏では東京中心部と郊外との分断，大都市圏のモザイク化という方向が指摘され議論されている。大都市圏の形成段階では，人口の郊外化は中心都市通勤という形で一体的な日常生活圏の形成拡大プロセスとなってきたが，世帯主の男性が都心に遠距離通勤する一方で郊外生活を支えたのは専業主婦という男女間の社会的分担であり，日本の郊外では雇用の多様性に欠けるため，現在の共働きのライフスタイルには適合しない。アメリカではその適応として郊外での専門職雇用を生み出し，郊外都心の社会的形成要因となってきた側面もある。首都圏では，郊外で生活する郊外第2世代と中心都市で居住し就業する共働きの専門職層などが，モザイク化を進めていると考えられる。ライフスタイルの多様化の中には郊外居住層でも都心回帰し都市的な生活を志向する人々もいれば，郊外や田舎暮らしを志向する自然指向のスタイルもある[9]。

4．多極型の都市圏整備と地域性

　一方，都市圏整備の面でも，多極型のコンパクトシティなどが注目されるようになってきている。日本では，富山市のLRT整備を中心とした先進例が知られるが，海外ではメルボルン・バンクーバー・デンバー・ベルリンなど多くの都市で，こうした多極型の整備が展開してきた[10]。そこでは多核化によって形成された郊外核などが，郊外の集約拠点（多極的なコンパクトシティの郊

外核のひとつ）として計画的に位置づけられ整備される事例もある。つまり多様な系譜の郊外核をそれぞれ体系的・機能的に位置づけ，多核的な都市圏構造を整備しようとする都市計画となっているのである。

　日本では，上で述べたような大都市圏の多核化やモザイク化の中で，たとえば角野は今後の都市圏整備の方向性として次のような整理と主張をする（角野，2010）。大都市圏の郊外地区やセクターごとの多様な展開や縮退，都心と郊外両者における今後の多様な居住スタイルを政策的にどのように支援するか，そこには「疎住郊外」という低密度な田園居住形態も含むという。また，新まちなか居住は，多極化する都市圏構造の中で職住や他のサービス機能等を近接させた居住形態が求められるという。これは多極型コンパクトシティにおいて主張されるイメージに近い。コンパクトシティ政策やニュータウン再生策の中でも登場する住み替え支援やコミュニティによるエリアマネジメントの必要性や実際の事例も整理されている（日野ほか，2013；藤井，2013）。これは前述の平成の合併の中での地域自治区とも関連する。また，再編の戦術として，後述のように社会資本はもちろん，自然環境や歴史的蓄積などストックの活用による地域アイデンティティの形成を説く。これは都市計画の今後の方向とまさに軌を一にするものである。このように都市圏構造は，多核化とそれを利用した多極型コンパクトシティの整備の方向に動き出しているといえよう。

　このような枠組みの中で，これからの都市計画を考えると，近代のような効率を優先した画一的な都市計画ではなく，地域の特性を踏まえ，個性を活かしたローカルからの積み上げが重視されつつあり（柳原ほか，2011），地理学的な検討が重要となる。例えば最近の田園都市論でも地域スケールの社会実験から持続可能な都市のグローバルで普遍的なモデルにつながる可能性が問われたり（西山八重子，2002），コンパクトシティを考える際にも，地域の個性の重要性が説かれるようになってきた。筆者らも鳥取市における平成の合併後の多核的整備に関して，それぞれの個性を活かした図3のようなビジョンを提示した（藤井・山下，2006）。多極型コンパクトシティでは，それぞれの核の個性とそれをいかす主体的活動が求められよう。こうした方向は，1960年代にはじまるリンチやジェイコブスのヒューマンスケールの分析や歴史性と創造性の

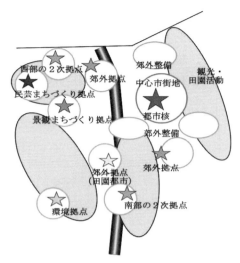

図3　鳥取市における多核的機能分担構想（藤井・山下，2006）

関係などの主張に起源を持ち，90年頃から様々な形で主張されてきている[11]。

　地域の特性や個性を考えるには，地域の構成要素に目を配る必要がある。サステイナブルシティの議論では，自然環境・社会（公平性など）・経済（成長）の3者間の空間的なバランスを考えようとしている（岡部，2003）。従来の経済効率や経済成長を優先とするものから，自然環境の要素を含む枠組みが経済や都市計画でも提示されている[12]。

　岡部（2003, p.200）によれば，EUのサステイナブルシティの考え方では，環境問題解決の糸口は都市にある。環境・社会文化・経済の空間的バランスは多様なスケール（地球〜EU〜国〜地方）における自然との体系的な統合で取るとし，都市に内在する社会的問題と都市に起因する環境問題を手がかりにすべきだという。そこでは空間－社会弁証法や新しい空間経済学など空間的視点が着目される。都市からサステイナブルな地方を育み，都市→地方→国→EU→地球と垂直方向に統合してバランスを取ることとなる。都市に起因する問題の解決，すなわち競争力とサステイナビリティの両立には，都市圏の視点が重要であり，都市は後背地に資源を依存し利便性を供給するという都市と

後背地の関係を見直さねばならない。都市単位だと難しい社会的課題を，多核型空間システムのリージョン（都市圏）単位とすることで，解消する可能性があると岡部は言う（岡部，2003, p.159, 191, 256）。

大野ほかの縮小都市論においても，従来の都市計画とは異なり求められるものとして歴史性や場所の個性，そして全体像は必要であるが，部分からの変革が説かれる（大野，2008, pp.15-17）。部分からの変革は住民参加のまちづくりと一体のものとなる。つまり過去の蓄積を継承し，未来へ続く連続的な時間軸を踏まえて住民とともに将来都市像を描く。また人口減少などの状況下で，今後の都市の縮小を具体的に分析した際にも，歴史的な核の重要性が説かれ，社会的費用の分析による縮小の最適化と歴史的な核は整合させうるとされる（岡部，2010）。これは空間イメージ・アイデンティティとしても住民が受け入れやすい都市の縮小の方向性といえよう。

5. コンパクトなまちづくりと地理学的アプローチ

コンパクトシティに関する研究が日本でみられるようになるのは1990年代に入ってからで，本格的に展開したのは2000年を過ぎてからとなる。この頃から工学系を中心に，学会テーマとしてもコンパクトシティが取り上げられるようになり，整理展望した文献の出版もみるようになる。また，国土交通省や地方自治体などが並行して政策的に検討を始める（海道，2001；谷口，2008）。

次にコンパクトシティ，サステイナブルシティ，スマートグロース，ニューアーバニズム[13]，縮退型都市（シュリンキングシティ）など，多様な名前で呼ばれるコンパクトなまちづくりについて，その背景となる社会情勢や内容について簡単に確認する。

まず背景としては，都市の環境負荷の軽減やエネルギー問題が世界的な問題意識としてあげられる。次に，特に日本では人口が減少に転じる問題がある。世界の都市全体についても，そうした視点からの検討が必要であるとされている。3番目の背景として，日本を筆頭に自治体などの財政問題が顕在化しており，都市拡大にサービスが対応できなくなりつつある。

コンパクトなまちづくりの内容は，多くの場合，次のような共通する政策や整備で構成される。①徒歩圏における基本的な生活サービスの提供，②複合的な土地利用，③公共交通の維持・整備，④駅周辺などへの居住促進，⑤公共交通と結合した開発（Transit Oriented Development），⑥市街地拡大の抑制である。

それでは，政策の結果想定される具体的な効果にはどのようなものが考えられるであろうか。まず，中心市街地や地域生活拠点の維持があげられる。食料品など最寄品の商業，また行政や医療など周辺を含めた中心機能の維持により，郊外の大型店だけに頼らない選択肢や新たなビジネスチャンスが提供され，徒歩圏での生活の維持や公共交通による中心機能の利用が可能となる。また多様な世代や職種の住民の居住（ソシアルミックス）も，新たなアイデアや事業の土台となるものとされる。こうした中心市街地や周辺中心地（集約拠点）群の維持は，地域の文化や歴史性の尊重・活用（古い建物などの再生利用など）による個性発信との相乗作用を持つものであり，都市間競争にも貢献するものとなる。

このようなコンパクトなまちづくりにおいて，地理学的なアプローチとの関係では，多核型（多極型）コンパクトシティは機能分担の議論が関係し，上述のように都市圏の多核化研究や中心地論などの都市圏の地域構造研究と深く関わると考えられる。実際地理学でも，各地の地方都市を事例に，施設立地や通勤などの生活行動の流動パターンを GIS で詳細に分析し，都市交通の整備可能性を探求する研究がまとめられている（松原，2007）。このようなミクロな都市構造との関わりでは，工学分野でも町丁スケールでの全国の都市のコンパクトな状況の詳細な分析も示され（谷口ほか，2007），環境負荷が少ないとはいえ，密集市街地を適当とすることへの疑問も示されている。富山市でも，GIS を利用した小地域での詳細な人口社会特性や土地利用の分析を進め，それを基礎に多極型コンパクトシティの政策展開を図ろうとしている。

また，コンパクトなまちを整備するにあたって，既存のロードサイド地区をどうするのかという課題は避けて通れない。コンパクトなまちづくりに関して先進的な政策展開が見られる富山市でも，公共交通と集約的居住に向けのインセンシティブに関する政策は効果も上げ始めているが，商業立地については，

中心市街地を除けば分散化が著しい。一方，郊外の商業環境に関しては高松市で，沿線型の集積を徒歩や公共交通になじむような形態にしようという都市計画の実践例がある。また，既に形成されてしまっているロードサイド商業地区をコンパクトな核として活かせないかとするロードサイド型コンパクトシティというコンセプトも，まだまだ議論すべき点は多いとはいえ，発表されている（金森ほか，2013）。

また，中心市街地はもちろんだが，周辺の核（集約拠点）についても，上述のように歴史的核が重要となるという指摘もある。これは計量分析で示される合理的効率化に最適な市街地集約プランと歴史性が整合するというもので，住民も受け入れやすい場所のアイデンティティにつながるのではないかとされる（岡部，2010）。機能面とともにそうした地域の特性の面での多核間の差別化が求められているといえよう。これには現代の政策面を含めた展望が欠かせないとはいえ，かつての都市・歴史地理学における歴史的核の研究を彷彿とさせる。

このようにコンパクトなまちづくりに関して，都市をめぐる社会的動向と都市政策からは，都市圏構造との関係がさらに問われるようになってきており，都市地理学的な地域構造研究をベースに検討する必要性・重要性は高まっていると考えられる。

（藤井　正）

〔注〕
1) 藤井・神谷編（2014）の関連項目での記述をさらに詳細に展開したものも含む．
2) このような大都市周辺の都市は，青木（1985）が明治後期の大阪南部を事例に提示した「中継的都市化」により成長した都市と同様の性格と考えられる．
3) 日本では，国土形成計画においても「二層の広域圏」のうち「生活圏域」が提示され，現在も定住圏の整備が進められている．2014年に提示された「国土のグランドデザイン2050」においても小論と同様な方向が展開されている。また，岡部によるEUのサステイナブルシティ概念の整理では，持続可能な自然・社会・経済のバランスに関して，都市の後背地も一体的に把握することで多様な空間スケールの統合を都市圏で図るという考え方が示されている（岡部，2003，pp.136,159,191）．OECDのコンパクトシティの分析でも機能的都市圏を単位としている（大井，2013）
4) 藤井（1981）．大都市圏の構造変化や多核化の議論については，藤井（1990），藤井（2007b），富田（1995），石川（2008）などの研究に詳しい．
5) 藤井（1990），藤井（2010），Fujii et al.（2006）．

6) 産業別郊外化による段階区分については，藤井（1990）参照．またアメリカ都市圏の形態については，たとえば最近でも Matsuo（2011）が，自動車依存の郊外都心が有する通勤アクセシビリティの問題性と関わって分析をしている．しかし，多核化と公共交通については，その指摘のように集積の閾値ベースで可能性を考えるのではなく，公共交通利用促進の計画的な検討や工夫が必要であろう．郊外核の密度に関しては，ロサンゼルス西部の集積を中間的なコリダー型とみる整理もあり，多核型とされるアトランタ大都市圏でも同様の集積を見いだすことも可能である（藤井，1999）．
7) 郊外間流動の展開や団塊の世代の退職による中心都市従業者の減少など最近の大都市圏における通勤流動の状況については，藤井（2006）や谷（2010）の分析がある．上記の戸所の「分都市化」（戸所，1994）もこうした動向の研究から導かれたものである．
8) 注6を参照．
9) 郊外第2世代に関しては，稲垣（2011），藤井（2013）を，モザイク化については，藤井ほか（2012b・2012c），日野ほか（2012），日野ほか（2013）参照．人口の都心回帰や郊外駅前などのマンションの状況に関しては，富田（2009），郊外指向については，藤井・山中（2005）を参照．
10) 藤井（2007a），Yamashita *et al.*（2006），山下（2007），谷口（2009），高見ほか（2011）．
11) 藤井（1993），ジェイコブス（2010），ハイデン（2002）．
12) 宇沢（2000），ならびにその他関連分野における地域の構成要素に関する枠組みの変化については，藤井（2008）参照．
13) スマートグロースとニューアーバニズムについては，小泉・西浦（2003）や海道（2001）を参照．

〔参考文献〕

青木伸好（1985）『地域の概念』大明堂，342p.
東　秀紀・橘　裕子・風見正三・村上暁信（2001）『「明日の田園都市」への誘い－ハワードの構想に発したその歴史と未来－』彰国社，247p.
石川雄一（2008）『郊外からみた都市圏空間－郊外化・多核化のゆくえ－』海青社，241p.
稲垣　稜（2011）『郊外世代と大都市圏』ナカニシヤ出版，196p.
宇沢弘文（2000）『社会的共通資本』岩波新書，239p.
大野秀敏編（2008）『シュリンキング・ニッポン－縮小する都市の未来戦略－』鹿島出版会，253p.
岡部明子（2003）『サステイナブルシティ－EUの地域・環境戦略－』学芸出版社，271p.
岡部明子（2010）「規模縮小下で蘇る：空間の履歴」地域開発 2010-3, pp.19-25.
大井裕子（2013）「コンパクトシティを巡るこれまでの施策とこれからの方向性について－都市の低炭素化の促進に関する法律の制定を受けて－」不動産研究 55-2, pp.3-23.
海道清信（2001）『コンパクトシティ』学芸出版社，287p.
海道清信（2007）『コンパクトシティの計画とデザイン』学芸出版社，318p.
角野幸博（2010）「都心郊外再編の道筋」，広原盛明・角野幸博・成田孝三・高田光雄編『都心・

まちなか・郊外の共生』晃洋書房，pp.360-381.
菊池　威（2004）『田園都市を解く－レッチワースの行財政に学ぶ－』技報堂出版，239p.
齊木崇人（2002）「新田園都市国際会議2001報告　21世紀の都市と郊外居住のあり方を求めて」家とまちなみ45，pp.10-13.
金森　亮ほか（2013）「ロードサイド型コンパクトシティ」Sustainable Urban Regeneration（東京大学都市持続再生研究センター）31. http://www.csur.t.u-tokyo.ac.jp/publication/sur/contents_n_031-j.html
小泉秀樹・西浦定継（2003）『スマート・グロース』学芸出版社，222p.
ジェイコブス，J. 著，山形浩生訳（2010）『アメリカ大都市の死と生』鹿島出版，488p（原著は1961年の出版）
谷　謙二（2010）「三大都市圏における通勤行動とその変化」，富田和暁・藤井　正編『新版図説大都市圏』古今書院，pp.12-15.
谷口　守（2008）「コンパクトシティ論」，近畿都市学会編『21世紀の都市像』古今書院，pp.11-21.
谷口　守（2009）「郊外型大規模商業施設の未来と都市圏構造の変革－自動車依存の進んだデンバー大都市圏の方向転換－」，日本交通政策研究会『総合都市交通計画に関する研究－低炭素社会を目指した都市構造の再編－』日交研シリーズ A-480，pp.46-55.
谷口　守（2010）「コンパクトシティの「その後」と「これから」」日本不動産学会誌24-1，pp.59-65.
谷口　守・松中亮治・中道久美子（2007）『ありふれたまちかど図鑑』技報堂出版，204p.
高見淳史・植田拓磨・藤井　正・谷口　守（2011）「ベルリン都市圏の中心地再編にみる新たな縮退型都市圏計画の一考察」地域学研究41-3，pp.785-797.
戸所　隆（1994）「京阪神大都市圏の構造変容と商工業の立地変化」，高橋伸夫・谷内　達編『日本の三大都市圏』古今書院，pp.168-191.
戸所　隆（2004）『地域主権への市町村合併』古今書院，171p.
富田和暁（1995）『大都市圏の構造変容』古今書院，321p.
富田和暁（2009）「大都市圏における新時代の居住地選考」大阪商業大学論集151・152，pp.173-188.
中井検裕（2002）「田園都市論の現代的意義」家とまちなみ45，pp.43-47.
成田孝三（2010）「京阪神大都市圏の地域構造，空間構成の特徴－三極構造から多極型ネットワーク構造へ－」，広原盛明・角野幸博・成田孝三・高田光雄編『都心・まちなか・郊外の共生』晃洋書房，pp.56-96.
西山八重子（2002）『イギリス田園都市の社会学』ミネルヴァ書房，216p.
西山康雄（2002）『日本型都市計画とはなにか』学芸出版社，74p.
ハイデン, D. 著，後藤春彦・篠田裕見・佐藤俊郎訳（2002）『場所の力』学芸出版社，319p.
林　良嗣ほか編（2009）『都市のクオリティ・ストック－土地利用・緑地・交通の統合戦略－』鹿島出版社，239p.
日野正輝ほか（2012）「脱成長社会の日本の三大都市圏の変容」日本地理学会秋季学術大会

シンポジウム，*E-journal GEO* 7-2, pp.276-280.
日野正輝ほか（2013）「変容する都市圏の住宅と居住の近未来像」日本地理学会 2013 年度春季学術大会シンポジウム，*E-journal GEO* 8-1, pp.174-179.
藤井　正（1981）「京阪神大都市圏と衛星都市－大都市圏研究における衛星都市再考の試み－」人文地理 33-1, pp.62-77.
藤井　正（1990）「大都市圏における地域構造研究の展望」人文地理 42-6, pp.40-62.
藤井　正（1993）「最近の都市への視点について－地域の文脈の解明と主張に向けて－」大阪府立大学紀要（人文・社会科学）41, pp.25-33.
藤井　正（1999）「アトランタ大都市圏の多核化とオフィス立地」，成田孝三編『大都市圏研究（下）』大明堂，pp.121-142.
藤井　正（2006）「京阪神大都市圏」，金田章裕・石川義孝編『日本の地誌 8 近畿圏』朝倉書店，pp.94-99.
藤井　正（2007a）「社会経済構造の転換と 21 世紀の都市圏ビジョン－欧米のコンパクト・シティ政策と日本の都市圏構造－」平成 16 ～ 18 年度科学研究費補助金基盤 A（課題番号 16202022）研究成果報告書．
藤井　正（2007b）「大都市圏における構造変化研究の動向と課題－地理学における多核化・郊外の自立化の議論を中心として－」日本都市社会学会年報 25, pp.37-50.
藤井　正（2008）「地域という考え方」，藤井　正・光多長温・小野達也・家中　茂 編『地域政策入門』ミネルヴァ書房，pp.10- 20.
藤井　正（2009）「都市圏多核化研究とまちづくり－機能地域論・社会ネットワーク論・景観論との関連を中心に－」地域と環境（京都大学人間・環境学研究科）8・9 合併号, pp.99-108.
藤井　正（2010）「アメリカにおける大都市圏の多核化」，富田和暁・藤井　正編『新版 図説大都市圏』古今書院，pp.96-99.
藤井　正（2012a）「都市圏の構造変化と多核的都市整備に関する学際的研究」科研基盤 B（代表）報告書．
藤井　正（2012b）「都市圏多核化研究とまちづくり」日本地理学会 2010 年度秋季学術大会シンポジウム：21 世紀の都市地理学の構築，*E-journal GEO* 6-2 , p.215.
藤井　正ほか（2012c）「大都市圏の社会・空間構造の変化と社会学・地理学からの検討」人文地理学会都市圏研究部会第 43 回研究会要旨，http://metropolitan.blog68.fc2.com/blog-entry-69.html
藤井　正（2013）「書評 稲垣　稜著『郊外世代と大都市圏』ナカニシヤ出版 2011 年」奈良大地理 19, pp.81-83.
藤井　正（2014）「都市圏多核化」「コンパクトシティ」，藤井　正・神谷浩夫編『よくわかる都市地理学』所収，ミネルヴァ書房．
藤井　正・神谷浩夫編（2014）『よくわかる都市地理学』ミネルヴァ書房，213p.
藤井　正・山下博樹（2006）「新鳥取市がめざす都市構造と各まち・むらの機能分担の方向性」平成 17 年度鳥取市総合政策調査委託事業報告書．

藤井　正・山中拓真（2005）「郊外ニュータウン地区住民の社会特性・居住動向と生活行動
　－兵庫県三田市におけるアンケート調査結果の概要－」市史研究さんだ 8，pp.43-68．
松原光也（2007）『地理情報システムによる公共交通の分析』多賀出版，301p．
柳原邦光・光多長温・家中　茂・仲野　誠 編著『地域学入門－＜つながり＞をとりもどす－』
　ミネルヴァ書房，328p．
山崎仁朗・宗野隆俊（2013）『地域自治の最前線－新潟県上越市の挑戦－』ナカニシヤ出版，
　237p．
山下博樹（2007）「バンクーバー都市圏における郊外タウンセンターの開発－リバブルな市
　街地再整備の成果として－」立命館地理学 19，pp.27-41．
Fujii,T. and Hartshorn,T.A.（1995）The changing metropolitan structure of Atlanta, Georgia: Locations of functions and regional structure in a multinucleated urban area, *Urban Geography*, 16-8, pp.680-707.
Fujii Tadashi, Yamashita Hiroki and Itoh Satoru（2006）A comparative study of metropolitan multi-nucleation: Suburban centres and commuter flows within the metropolitan areas of Atlanta, USA, and Melbourne, Australia, *Applied GIS*, 2(2), pp.11.1-11.17 DOI:10.2104/ag060011（www.appliedgis-jp.net）．
Matsuo Miwa（2011）US Metropolitan spatial structure and labour accessibility, *Urban Studies*, 48(11), pp. 2283-2302.
Fujii Tadashi, Yamashita Hiroki and Itoh Satoru（2006）The development of diverse suburban activity centres in the Melbourne metropolitan area. *Applied GIS*, 2(2), pp.9.1-9.25 DOI:10.2104/ag060009（www.appliedgis-jp.net）．

第4章
市町村合併によるコンパクトなまちづくり

1. コンパクトなまちづくりに向けた3つの観点

　コンパクトなまちづくりの重要性は，すでに数多くの自治体でも認識されており，様々な自治体の計画の中でも目標や理念として掲げられている（橋本・湯沢，2006a）。また，わが国の都市計画法には，コンパクトなまちづくりの実現に向けた様々な制度がある。しかし，これらの制度を実際に活用するかどうかの意思決定は，基本的に全国の各自治体に委ねられている。

　コンパクトなまちづくりやその実現に向けた都市計画のあり方は，「コンピューターにデータを入力すれば解答が得られる」というような簡単な問題ではない。この問題は，最終的には自治体や住民といった人間の意思決定を伴うことから，地域政策と都市計画を密接に連動させること，つまり意思決定者である自治体の意識がきわめて重要な鍵を握っている。

　ここで再考しておきたいことは，コンパクトなまちづくりを推進する背景である「市町村合併の進展」，「都市計画区域の再編」および「財政負担の縮減」についてである。本章では，特に市町村合併によるまちづくりについて，以下の3つの観点から考えてみたい。

　第1の観点は，市町村合併の進展である。わが国では，主に2000年以降に「平成の大合併」が進展し，数多くの自治体で行政区域の拡大が生じた。全国の市町村数は減少し，これに追随するように全国の都市計画区域数も減少している。市町村合併後の自治体では，行政区域の拡大および都市計画区域の再編により，コンパクトなまちづくりを推進する契機を迎えている。

　第2の観点は，都市計画区域の再編である。コンパクトなまちづくりに向け

ては都市計画区域の再編が重要となるが，都市計画を行う全国の自治体ではどのように考えているのか。自治体の意識を客観的に分析し，市町村合併後の自治体における意思決定の参考とすることが重要である。

　第3の観点は，財政負担の縮減である。コンパクトなまちづくりによる財政負担の縮減効果に関する知見は決して多くない。しかし，コンパクトなまちづくりを推進するためには，統計資料に基づいて，都市計画施設の集積が財政負担の縮減に寄与することを客観的に明らかにしておく必要がある。

2. 市町村合併の進展

(1) 過去40年間の市町村数と都市計画区域数

　図1に，1971年から2010年までの40年間の市町村数と都市計画区域数を示す（橋本，2014）。市町村数は1971年では3,276であったが，2010年では1,727と，40年間で1,549が減少している。特に，平成の大合併の影響が大きく，2000年から2010年までの10年間で1,502が減少した。

　一方，都市計画区域数は，1971年では1,114であったが，2004年にピークの1,319に達し，その後，2010年には1,189にまで減少している。図1から平

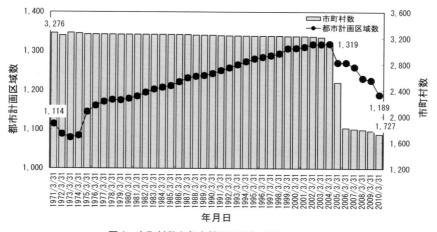

図1　市町村数と都市計画区域数（橋本，2014）

成の大合併に伴い，市町村数の減少に追随して都市計画区域数が減少してきたことが読み取れる。

このように，多くの自治体は，市町村合併（以下，合併と称する）による行政区域の拡大や都市計画区域の再編など大きな変化の渦中にあり，合併後の新しい地域政策や都市計画の企画・立案がきわめて重要な課題となっている。しかしながら，合併の観点から捉えた計画系研究は，決して十分に行われている状況ではなく，本格的な合併の検証は，今後の計画系研究における大きな課題といえる（橋本ほか，2013）。また，その中でも，特に重要な課題として，都市計画区域再編のあり方が挙げられる。

（2）合併後の行政区域と都市計画区域の関係

図2は，合併後の行政区域と都市計画区域の関係を示している（橋本，2014）。

①は，行政区域全体が都市計画区域に入っていない場合であり，都市計画区域を有さない市町村がこれに分類される。②は，行政区域全体が一つの都市計画区域に入っている場合であり，広域都市計画区域の中の市町村がこれに分類される。①と②の中間的な場合が③であり，行政区域の一部が都市計画区域に入っている場合である。これには，山間地域等で部分的に都市計画区域が定め

図2　合併後の行政区域と都市計画区域の関係（橋本，2014）

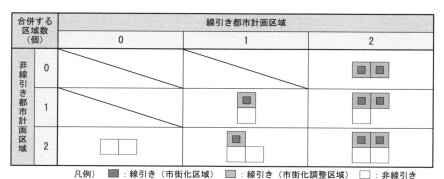

図3 合併後の都市計画区域の類型（橋本・湯沢，2005）

られている市町村等が該当する。④は，行政区域全体が複数の都市計画区域に入っている場合である。

図3は，図2の④の関係について，さらに行政区域内の都市計画区域数に着目して類型毎に整理したものである（橋本・湯沢，2005）。都市計画区域は，大別して，線引き都市計画区域と非線引き都市計画区域があるが，合併後の多くの市町村にあっては，行政区域内に複数の都市計画区域が併存する。したがって，今後は，こうした都市計画区域の併存を解消するための再編が求められる。また，その再編に際しては，戸所が提唱している「大都市化・分都市化」（戸所，2004）の都市構造の実現に向けて，合併により大都市化した行政区域の中で，分都市化を図りつつ，コンパクトなまちづくりを推進していくことが重要となる。

(3) 合併後の都市計画区域再編

合併後のコンパクトなまちづくりに向けては，できるだけ郊外での新規開発を抑制するとともに，既成市街地内での開発を推進していくことが求められる（戸所，2000）。特に，図3に示すように都市計画区域が併存している自治体では，より広域的な視点から，抜本的な都市計画区域の再編を検討する契機を迎えている。

ここで，慎重な検討を要するケースとしては，行政区域内の線引き・非線引き都市計画区域の併存を解消するため，線引き都市計画区域への統一を図る

ケースである。この場合は，郊外部を含む規制の緩い非線引き都市計画区域を規制の強い市街化調整区域に指定しなければならない可能性が高い。このため，自治体にとっては，新たな強い規制に対する住民合意や意思決定に向けて，高度な技術的対応が求められることになる。したがって，都市計画区域の再編に向けては，都市計画法による実務的な視点だけでなく，他自治体の意識，財政負担や住民合意の問題を含めた研究的な視点，つまり学術的な知見も考慮した上で慎重に検討していくことが求められるであろう。

このような観点から，合併後の都市計画を行う自治体においては，全国の合併後の自治体（以下，合併市と称する）が都市計画区域再編をどのように考えているのかを十分把握しておく必要がある。そこで，次節では，全国の自治体意識調査結果に基づいて，その真実に迫ることとする（橋本・湯沢，2006b）。

3. 都市計画区域再編に向けた自治体の意識

(1) 合併市の都市計画区域

合併市の都市計画区域再編を検討する上で，全国の合併市における都市計画区域の現状がどうなっているのか，さらに，合併市の都市計画区域再編に関する考え方を明らかにしておくことが非常に重要である。特に，線引き・非線引き都市計画区域が併存している合併市における都市計画区域再編に向けた意識を把握することにより，都市計画区域再編の可能性に関する重要な知見が得られると考えられる。

表1は，筆者が実施した全国の自治体意識調査（橋本・湯沢，2006b）の概要を示している。調査対象は，1999年4月1日～2006年1月23日に合併した人口5万人以上の全220市であり，各合併市の都市計画担当課から有効回収数160票（有効回収率72.7%）に及ぶ回答を得た。

図4は，本自治体意識調査への回答があった合計160の合併市における行政区域内の都市計画区域の現状（橋本・湯沢，2006b）を示している。合併市の都市計画区域の現状は，「線引き都市計画区域単独又は併存」が45市，「非線引き都市計画区域単独又は併存」が70市，「線引き・非線引き都市計画区域併

表1 自治体意識調査概要（橋本・湯沢，2006b）

調査対象	1999年4月1日～2006年1月23日に合併した人口5万以上の全市
調査内容	合併後の都市計画区域に関する質問等
調査方法	各合併市の都市計画担当課への郵送配布，郵送回収
調査期間	2006年1月23日～2月28日
調査票送付数（票）	220
有効回収数（票）	160
有効回収率（%）	72.7

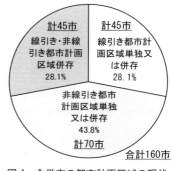

図4 合併市の都市計画区域の現状
（橋本・湯沢，2006b）

存」が45市であった。

(2) 都市計画区域再編後の都市計画区域の類型

図5は，都市計画区域再編後の都市計画区域の類型（橋本・湯沢，2006b）を示している。本自治体意識調査では，再編後の都市計画区域のあり方として，①回答市に限らず，一つの行政区域内の都市計画区域として望ましいか，②回答市の都市計画区域として望ましいか，の両面から回答を依頼した。

図6は，線引き・非線引き都市計画区域併存市（計45市）からの回答率を整理したものである（橋本・湯沢，2006b）。この結果，まず①の質問に対しては，「全域線引き」が望ましいとの回答が最大となっている。一方，②の質問に対しては，現在の都市計画区域の状況と同様である「線引き・非線引き併存」が望ましいとの回答が最大となっている。

より詳細には，「全域線引き」の回答が①では67%であるが②では31%，「線引き・非線引き併存」の回答が①では22%であるが②では56%であり，再編後の都市計画区域のあり方としての，理想と現実が異なっていると考えられる。この結果から，多くの合併市は，都市計画区域再編により一つの線引き都市計画区域への再編を理想としているものの，それは各合併市の現状を勘案すると非常に困難であるといえる。

さらに，筆者がより詳しく調査した結果，線引き・非線引き都市計画区域が併存する合併市の多くは，「非線引き都市計画区域の緩い規制に対する不公平

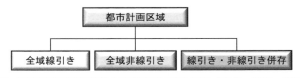

図5 都市計画区域再編後の都市計画区域の類型（橋本・湯沢，2006b）

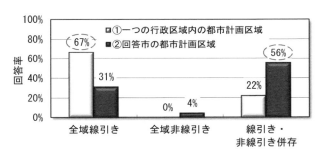

図6 再編後の望ましい都市計画区域（橋本・湯沢，2006b）

感」に問題意識を持っている。また，それにもかかわらず，多くの合併市は，非線引き都市計画区域への規制強化ではなく，市街化調整区域の規制緩和が重要であると考えている（橋本・湯沢，2007a）。これらのことから，合併後の都市計画区域の地域格差に起因する市街化調整区域の規制緩和が進み，「市街化調整区域への一層の郊外化」が懸念される。また，これらの自治体の意識が優勢を占める状況では，コンパクトなまちづくりの実現は期待しにくいことから，自治体の意識改革に向けた，最新の研究および知見の発信が求められる。

(3) コンパクトなまちづくりに向けた都市計画区域再編

多くの合併市は，行政区域内の都市計画区域としては「全域線引き」が望ましいと考えているものの，各合併市の都市計画区域の現状を勘案すると，「線引き・非線引き併存」が望ましいと考えている。すなわち，合併市の都市計画区域は，長期的には抜本的な再編が望ましいものの，直ちに整合性を持って統一された規制を広域的に採用することは困難であり，当分の間は現状が維持されると考えることが妥当であろう。ここで懸念される問題は，当分の間に行われる暫定的な規制誘導やその住民合意によって，むしろ抜本的な都市計画区域

の再編が困難となってしまうことである。このため，合併市においては，都市計画区域再編の実現に向けた検討を慎重かつ速やかに行っていく必要があるだろう。

その一方で，計画系研究に携わる研究者は，自治体に対して，コンパクトなまちづくりのインセンティブを提示する必要がある。より具体的には，集約型の都市構造を実現することによるメリットを定量化し，その知見を自治体に発信していくことが求められる。次節では，客観的な分析結果に基づいて，コンパクトなまちづくりによる財政負担縮減の可能性について考える。

4. 財政負担の縮減

(1) 人口と都市計画施設の集積度

コンパクトなまちづくりの効果として財政負担の縮減を挙げるならば，その根拠として，都市計画施設の集積度の増大が財政負担の縮減に寄与することを実証しておく必要がある。そこで筆者は，人口5万人以上の合併44市について，国土交通省および総務省の統計資料に基づく分析を実施した。統計資料の出典は，『都市計画年報』および『市町村別決算状況調』であり，統計の基準日は，いずれも2005年3月31日である。

図7および図8は，それぞれ当該市における「人口H. I. 〜街路H. I.」，「人口H. I. 〜下水道H. I.」の関係を示している（橋本・湯沢, 2007b）。各軸のH. I.（フーバーインデックス）とは，図3のように併存している都市計画区域内の集積度を示す指標であり，0から1までの値をとり，1に近いほど集積度が高いことを示している。両図においてはいずれも大きなばらつきを有し，決定係数も低く，十分な相関は認められない。

人口の集積度に対して，街路および下水道の集積度が大きなばらつきを有しているということは，人口集積に対して都市計画施設が過度に拡散していたり，逆の場合には，都市計画施設の集積に対して非効率となるような人口拡散が生じている可能性がある。

さらに，例えば合併市が都市計画区域を再編するような場合には，市街化区

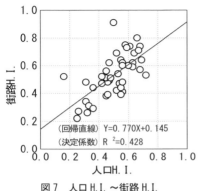
図7 人口H.I.〜街路H.I.
(橋本・湯沢,2007b)

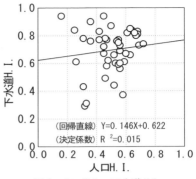
図8 人口H.I.〜下水道H.I.
(橋本・湯沢,2007b)

域の範囲を決定する大きな要因の一つである「人口」だけでなく，人口集積度との相関が明確に現れていない「都市計画施設の集積度」にも，十分に配慮する必要があることが理解できる。

(2) 都市計画施設の集積度と歳出率

図9および図10は，それぞれ当該市における「街路H.I.〜街路費歳出率」および「下水道H.I.〜下水道費歳出率」の関係を示している（橋本・湯沢，2007b）。

両図の縦軸は，目的別歳出額である街路費または下水道費を歳出総額で除した値の百分率を示しており，これらの街路費や下水道費には，整備費と維持管理費の双方が含まれる。また，両図の中ではプロットの上限および下限付近を結んだ破線を併記している。

両図のプロットに着目すれば，街路H.I.および下水道H.I.の増大に伴い，それぞれ街路費歳出率および下水道費歳出率が減少する傾向にあることが分かる。これらの傾向は合併市の財政規模によって異なることも考えられたが，財政規模に応じて複数のグループに分類して分析を行った結果，財政規模の大小にかかわらず同様の傾向を示すことが確認されている（橋本・湯沢，2007b）。

また，これらの傾向は，本分析で使用した目的別歳出額である街路費や下水道費に整備費と維持管理費の双方が含まれていることから，都市計画施設の拡

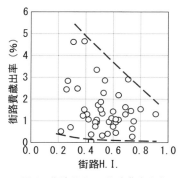

図9 街路H.I.〜街路費歳出率
（橋本・湯沢，2007b）

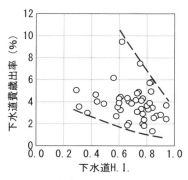

図10 下水道H.I.〜下水道費歳出率
（橋本・湯沢，2007b）

散による「整備費・維持管理費の増大」に起因していると考えられる。換言すれば，都市計画施設の集積度を増大することが「整備費の減少」や「維持管理費の減少」に寄与すると考えられる。

したがって，合併市においては，今後，都市計画施設の拡散を抑制し，集積度を向上させることにより，都市計画施設の歳出率の縮減を目指す整備方針が求められるであろう。

(3) 財政負担の縮減に向けた都市計画区域再編

財政の効率化を目的とした合併は終息を迎えており，合併市における都市計画施設の集積度と財政負担の関係を明らかにしておくことが重要である。このような観点から本章では，合併市の都市計画施設の財政負担が，都市計画施設の集積度を高めることで減少し，また逆に，都市計画施設が拡散することで増大する傾向を明らかにした。さらに今後は，街路や下水道を含む，社会資本ストック全体の維持管理費用や更新費用が増大すると考えられることから，この傾向はより一層，顕著になっていくことが予測される。

財政負担縮減の観点から考えれば，合併後の都市計画区域再編に伴って，市街化区域の拡大，都市計画施設の拡散が進む場合には，多くの合併市で財政負担の増大が懸念される。換言すれば，人口集積度に対して都市計画施設の集積度が著しく低い合併市では，財政負担縮減の観点からは，市街化区域を拡大し

ない政策を採用することが望ましいといえる。

　全国各地の合併は，緩やかではあるものの，今後も進展していくことが予測される。すなわち，合併市における都市計画区域の併存状況は，今後もさらに複雑になっていく可能性が高い。都市計画区域が併存し，特に都市計画区域の地域格差が大きい合併市では，合併後の都市計画マスタープラン等により，すべての都市計画区域を包括した一体的かつ効率的な都市計画の方針を策定することが課題となる。

　このような状況の中で今後の合併市においては，都市計画の方針として，「財政負担の縮減に向けた整備方針」や「財政負担の縮減に向けた都市計画区域再編」を示していくことも重要になるであろう。

5. 市町村合併によるコンパクトなまちづくりに向けて

　市町村合併は，行政区域の拡大や都市計画区域の再編を促進させると同時に，多くの合併市にコンパクトなまちづくりを推進する契機をもたらした。しかし，合併市の多くは，都市計画区域の再編によって「理想的と考えられる線引き都市計画区域への統一，つまり郊外に新たな強い規制を行うこと」は非常に困難と考えている。

　都市計画法でいかに素晴らしい制度が設計されていても，それが活用されるかどうかは，全国の各自治体の意思決定に委ねられている。その観点から，今後も引き続き，自治体の意識に着目していく必要があるだろう。自治体は都市計画を運用するが，都市計画のためだけに都市計画を行うわけではない。特に合併市においては，「都市計画は，総合的な地域政策の一部として，必要最小限の運用を図る」という意思決定も考えられないわけではない。こうしたことから，今後は，これまで以上に，自治体の都市計画に関する意識改革や専門的手腕が求められるであろう。

　その一方で，コンパクトなまちづくりに向けた研究者の貢献も求められている。都市計画のパラダイムシフトが希求されている現在，研究者が最新の知見に基づいて，コンパクトなまちづくりのインセンティブを強いメッセージとと

もに自治体へ発信していく必要がある。これは計画系研究に携わる研究者の責務であろうし，また逆に，実務に精通している自治体職員が自ら研究に参画し，実務に直結する研究の裾野を広げていくことも非常に重要であろう。

　幸いなことに，本章で見てきたとおり，コンパクトなまちづくりに関して，都市計画施設の集積度の観点から財政負担の縮減効果を実証することは可能である。こうした知見の積み重ねによって，自治体の意識に変化が生まれ，コンパクトなまちづくりに向けた都市計画が着実に進展することを期待したい。また，新しい知見を受容する自治体や住民は，引き続きコンパクトなまちづくりに関する識見を深め，都市に対する洞察力に磨きをかける必要がある。今後は都市人口の増加と市街地拡大が見られた時代と全く異なる理念で都市経営を行う必要があり，コンパクトなまちづくりが希求されているのである。

　なお，本章で詳述できなかった協働まちづくり（Hashimoto et al., 2012），景観まちづくり（橋本・湯沢，2008）および観光まちづくり（戸所，2010）の観点も非常に重要である。21世紀の都市整備は，量的整備を行うだけでなく，質的整備に重点を置く必要がある。今後は，コンパクトなまちづくりと併せて，協働，景観および観光を重視したまちづくりの重要性が，より一層高まることになろう。

（橋本　隆）

〔参考文献〕
戸所　隆（2000）『地域政策学入門』古今書院，pp.55-76.
戸所　隆（2004）『地域主権への市町村合併－大都市化・分都市化時代の国土戦略－』古今書院，pp.21-39.
戸所　隆（2010）『日常空間を活かした観光まちづくり』古今書院，pp.20-46.
橋本　隆（2014）「市町村合併による都市計画区域再編に関する研究」前橋工科大学大学院工学研究科 平成25年度博士学位論文，pp.53-56.
橋本　隆・湯沢　昭（2005）「市町村合併後の都市計画区域の地域格差と住民意識に関する研究－群馬県伊勢崎市を事例として－」都市計画論文集40-3, pp.91-96.
橋本　隆・湯沢　昭（2006a）「高齢者の住民意識に基づくシルバーコンパクトシティの重要性に関する実証的研究－群馬県伊勢崎市を事例として－」日本地域政策研究4, pp.127-134.
橋本　隆・湯沢　昭（2006b）「市町村合併後の都市計画区域の地域格差と自治体意識に関する研究－人口5万人以上の160市を事例として－」都市計画論文集41-3, pp.601-606.

橋本　隆・湯沢　昭（2007a）「市町村合併後の都市計画区域の併存状況に応じた規制誘導の重要度に関する実証的研究－人口 5 万人以上の 45 市を事例として－」日本地域政策研究 5, pp.153-160.

橋本　隆・湯沢　昭（2007b）「市町村合併後の都市計画区域の地域格差と財政負担に関する研究」都市計画論文集 42-3, pp.865-870.

橋本　隆・湯沢　昭（2008）「景観法に基づく景観行政の制度設計に関する研究」日本地域政策研究 6, pp.305-312.

橋本　隆・湯沢　昭・森田哲夫・塚田伸也（2013）「市町村合併の観点から捉えた計画系研究の変遷と展望－ 2000 年以降の査読論文を対象として－」日本建築学会計画系論文集 685, pp.653-662.

Hashimoto Takashi, Yuzawa Akira, Morita Tetsuo and Tsukada Shinya (2012) Changes in the residents' consciousness due to environmental improvements after consolidation of municipalities, *International Journal of GEOMATE*, 2(2) (Sl.No.4), pp. 235-240.

※本報は，筆者個人の見解であり，組織としての見解ではない．

第5章
人口減少期における足利市の都市構造変化と都市政策

1. コンパクトなまちづくりによる都市構造転換

(1) 人口減少に転じた地方都市をヒントにする

　コンパクトなまちづくりは，近年，都市経営の側面から必要性を高めている。例えば，富山市では「お団子と串の都市構造」という理念を掲げて諸施策を関連付ける戦略がとられているように，中心市街地の活性化や公共交通問題，住宅問題，行財政問題をはじめとする都市に横たわる諸問題を解決する都市政策のツールとしてコンパクトなまちづくりが定着しつつある。

　わが国の地方都市における都市政策では，人口減少が不可避な前提条件となってきた。国立社会保障・人口問題研究所の推計によれば，2040年には約7割の自治体で2010年に比べて2割以上も人口が減少するという[1]。特に早いペースで減少が進むとみられる地方都市は，新しい都市開発理念を創出して社会経済の変化に対応した都市構造に再構築しなければならない。

　筆者は，人口減少局面にある地方都市では，中心市街地および旧来の周辺町村の中心部を都市機能の集積したコンパクトなまちに再編して，それらを公共交通機関や機能面でネットワークする都市構造が必要と考える[2]。しかし，多くの地方都市では都心地域や都心周辺地域での人口減少や少子高齢化が先行していることを勘案すると，まずは都市の「顔」たる既成市街地の再構成が必要であると認識する。人口減少社会を考察するにあたり，すでにその状態にある都市を調査研究することは，今後の都市構造のあり方，とるべき都市政策を考える上で有益である。そこで，本稿では過去約25年の間に人口減少に転じた都市として栃木県足利市に着目して考察を行った。

（2）両毛地域の概要と足利市の位置付け

　足利市は関東平野の北端部、栃木県の南西部に位置し、隣接する佐野市と群馬県東部の桐生市・太田市などと6市5町からなる両毛地域を構成する中核都市である（図1）[3]。両毛地域の北部は中山間地域で、中央部より南側は利根川と渡良瀬川によって形成された平坦地となる。この地域では古くから繊維産業や加工組立型産業が盛んで、首都圏からの近さもあって内陸型工業地帯として発達した。そのため、都市化が進みやすい条件にあり、モータリゼーションと公共交通網の衰退が著しい[4]。

　両毛地域全体の人口が大きく伸びるなかで、足利市の人口増加は1970年代後半から鈍化し、1990年頃をピークに緩やかに人口減少へと転じた。その要因として、基幹産業の繊維産業が停滞したにもかかわらず、新たな企業誘致など産業構造の転換が不十分であったことや後背圏が狭いことが考えられる。なお、足利市の西隣に位置する桐生市の人口減少は足利市よりも顕著であるが、合併可能性のある後背圏は大きい[5]。対して、足利市は昭和の大合併時にほぼ「1郡1市」の一行政体となり、半世紀近く経過している。多くの都市が平成の大合併を経て多様な地域を包含したが、足利市はこの点でも先行して多様な地域を包含した都市といえ、人口減少期の都市政策を考える上で、足利市は適している。

　以上を踏まえ、人口減少期に取るべき都市構造の変更策について、両毛地域の比較を行いながら足利市の人口密度や都市地域の分布の変化、既成市街地の構造変化及び、都市政策の動向などを考察した。

図1　両毛地域の市町村の分布　（稲垣作成）

2. 足利市の位相変化と人口減少期の都市構造変化

(1) 早期に人口減少に転じた足利市

両毛地域の人口は，1970 年の約 73.3 万人から 2010 年には約 85.0 万人と 40 年間で 1.16 倍となっている。他方で足利市の人口は，1970 年の約 15.6 万人から 1990 年の約 16.8 万人まで増加したところでピークを迎え，その後減少に転じて 2010 年には約 15.4 万人と 40 年前とほぼ同じ人口水準となった（図2）。

足利市の人口動態のうち，社会増減は 1970 年代初頭から一貫して転出超過が続いている。他方で自然増減は団塊ジュニア世代が出生した 1970 年代中盤をピークに漸次減少し，1990 年頃を境にほぼ自然減に転じた。2000 年代には，自然減と社会減が拡大し，顕著な人口減少につながっている（図3）。

その要因として地域経済を牽引する製造業の伸長の差異が挙げられる[6]。製造品出荷額等の 1974 年と 2007 年の都市圏別シェアを比較すると，足利市は 20.6% から 8.8% と大きく減少する一方，太田や館林などが伸長する傾向にあった（図4）。これは繊維産業が成熟化するなか，足利市への代替産業としての企業誘致は低調であり，また進出した企業の雇用も繊維産業の従事者からシフ

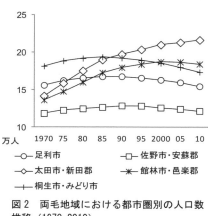

図2 両毛地域における都市圏別の人口数推移（1970-2010）
（「国勢調査報告（総務省）」より稲垣作成）

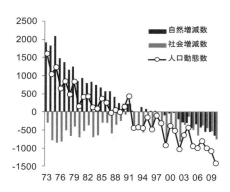

図3 足利市の人口動態推移（1973-2010）
（各年の「統計あしかが（足利市）」より稲垣作成）

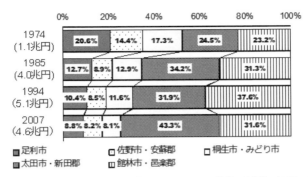

図4 両毛地域の都市圏別での製造品出荷額等のシェアの推移（1974・1985・1994・2007）
（各年の「工業統計調査」より稲垣作成）

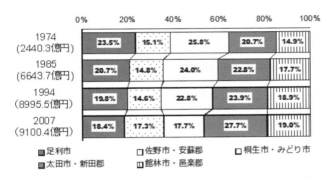

図5 両毛地域の都市圏別での小売業年間販売額シェアの推移（1974・1985・1994・2007）
（各年の「商業統計調査」より稲垣作成）

トしたことで雇用創出効果を生まず，長期的な人口減少に転じたとみられる。

その結果，1970年の両毛地域における足利市の都市圏別人口順位[6]は桐生市・みどり市に次いで2番目であったが，2010年には4番目に低下した。また，都市圏別小売業年間販売額シェアも，1974年に2番目だった足利市は，2007年には4番目になっている（図2，図5）。さらに，両毛地域を範囲とした足利市の小売業吸引力[6]も，1974年の1.11から2004年には0.98となり，他都市への購買行動流出が見られるようになり，両毛地域における足利市の地位は相対的に低下してきた。

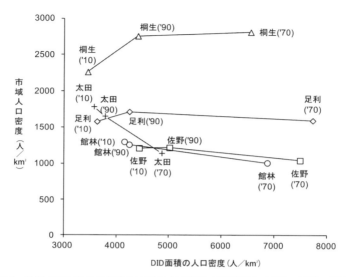

図6　各都市圏における DID と市域の人口密度の関係推移（1970・1990・2010）
（各年の「国勢調査報告書（総務省）」より稲垣作成）
注1：市域人口密度は人口数から可住地面積を除した値を求めた．
注2：市域は市町村合併前の区域であるが，DID が連担化した桐生市と旧大間々町，太田市と大泉町は一つの市域としてみなして算出．

（2）人口密度変化と市街地の拡大状況

次に，両毛地域内での人口密度の変化と市街地の拡大状況について，DID（人口集中地区）の変化から検討してみよう．

図6は，1970～2010年における20年ごとの両毛地域内各都市の人口密度とDID人口密度である．足利市のDID人口密度は，1970年では7,718.1人/km²と5都市圏のなかで最も高かったが，2010年に3,624.3人/km²と半分以下になった．

他方，市域の人口密度はほぼ横ばいで推移している．人口減少に転じた桐生市は，足利市同様の変化をみた．しかし，他の都市は DID 人口密度を低下させつつ市域全体の人口密度を上昇させる傾向にある．

次に，市街地の拡大状況をみるために，1986～2010年における5年ごとの累積農地転用面積（農地法4条・5条）を検討する（図7）．都市圏ごとに転用面積規模に差異はあるが，農地転用の傾向は同じである．すなわち，この間の

第5章 人口減少期における足利市の都市構造変化と都市政策　61

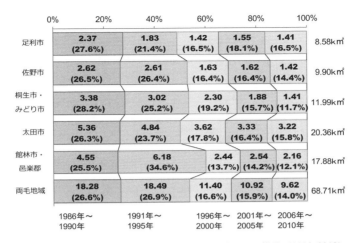

図7　都市圏別の5年ごとの農地転用累積面積シェア推移（1986-2010）
（「土地管理情報収集分析調査等（農林水産省）」より稲垣作成）
注1：グラフ各要素の数字は5年ごとの累積農地転用面積と25年間でのシェアを示す．
注2：グラフ右の数値は25年間の累積面積を示す．

農地転用のうち1986～1995年の10年間が概ね50～60％を占め，その後の15年間が概ね40～50％の範囲となっており，人口増減の傾向に関係なく各都市圏とも農地転用が行われ，市街化が進んだことがわかる．

(3) 拡散化する都市地域と商業立地の変化

　足利市の1970～2010年における20年ごとの都市地域の変化を見るために，DIDと大型小売店舗の分布を示したのが図8である[9]。1970年におけるDID区域のほとんどは旧市区域に収まっており，そこから当時の国道50号や鉄道網沿いに伸びる傾向にあった．また大型小売店舗もDID区域内，とりわけ中心商業地に集中立地していた．1990年になると，DIDは地形に制約されつつ，限られた平坦地に帯状に拡大し，渡良瀬川の右岸西部では新たに開通した国道50号バイパス付近まで拡大している．この時期における大型小売店舗の立地は，渡良瀬川右岸のDIDとなった区域など郊外にも立地するようになった．
　2010年のDIDは1990年とほぼ同じ分布形態であり，面積は20年前と比べて1.14倍となったが，分布を比較すると既存市街地でのDIDの消滅がみられ

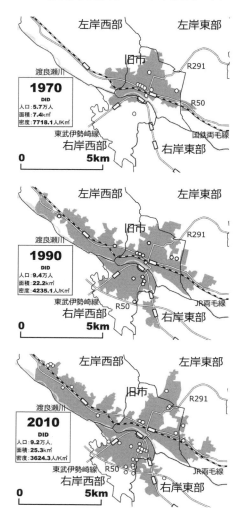

図8 足利市のDID分布と大型小売店舗立地の変化（1970, 1990, 2010）
（「国勢調査報告書（総務省）」より稲垣作成）
注：図中の灰色部分がDID区域、○印は大型小売店舗の位置を示す。なお1970年と1990年は1,000 ㎡以上の店舗をプロットした。

る。また，大型小売店舗の分布は中心商業地に2店舗を残すのみで，右岸の中央部あたりと国道50号沿いへのさらなる集積が進んでいる。すなわち，新しい商業核が渡良瀬川の右岸にも出現し，既存の中心商業地が空洞化したことがわかる。

（4）地域的分布の変化からみる人口減少期の都市構造

便宜的に市域を5区域に分け，人口，農地転用面積，小売店舗面積の推移を比較した（図9）。旧市の人口は一貫して減少し続け，各区域の人口は右岸東部を除いて地域ごとに増減のサイクルに差異はあるものの横ばい・減少傾向にある。

しかし，農地転用は90年代以降も一定規模の転用が認められ，人口減少が必ずしも都市地域拡大の抑制にならないことを示唆している。換言すれば，人口減少・地域経済力低下による税収減など財政状況が厳しいなかで，市街地拡大による新規のインフラ整備を必要とする構図がうかがえる。また，小売店舗の面積シェアが旧市よりも右岸西部が高い状態となり，都市構造変化の進展もみてとれる。

以上のように足利市では，都市地域

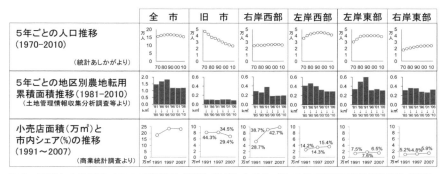

図9 足利市の地域別での人口数推移(1970-2010)と5年ごとの農地転用累積面積推移(1981-2010)，小売店舗面積推移(1991-2007)

(各年の「統計あしかが(足利市)」，「商業統計調査書(足利市)」より稲垣作成)

の人口密度が顕著に減少する一方，その領域は人口増加する他都市と比較して遜色なく拡大しており，低密度な市街地となった状態でスプロール化が進んできたことを示している。

3. 都市政策の展開と産業構造の転換による都市構造変化

(1) 産業構造の変化による都市政策の展開

1960年代の足利市はモータリゼーションの進展や都市基盤整備の立ち遅れなどから，人口や製造業の規模に比して商圏を他都市に奪われる状況にあった[10]。そこで，1962年に国鉄足利駅(当時)前区域の区画整理を皮切りに，1967年には中央商店街の防災建築街区造成事業，店舗の共同化や道路の拡幅とアーケード整備などの商店街の近代化が進められた[11]。

また流通形態の変化も相まって，商店街サイドの警戒があったものの1970年前後には藤伍ストア(1968年)，十字屋(1969年)，高島屋ストアの増床(1969年)，キンカ堂(1970年)と中心商業地への大型小売店舗の進出が相次いだ。商店街と大型店舗の並存する商業集積地に変化した結果，高密度な都市地域に吸引力が強い都心を持つ都市構造が形成された。そして，この構造が周辺地域に対して多くの消費者を流入させることで，両毛地域の小売業年間販売額にお

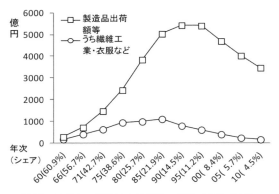

図10 足利市の製造品出荷額等の推移（1960-2010）
（各年の「工業統計調査」より稲垣作成）
注：年次の後の数字は繊維工業等のシェア．

いて高いシェアを占める源泉となった．

しかし，図10にあるように1970年前半には繊維産業が頭打ちになり，足利市は多角的な工業都市への転換を余儀なくされた．この時期に首都圏整備法の都市開発区域に指定され，それにあわせて現在の総合計画につながる「足利市振興計画」を1965年に策定している[12]．この計画は道路網や市街地開発などの都市基盤整備計画，商工業や観光などの産業振興計画，教育や住宅などの文化厚生計画から構成され，1975年の目標人口を20万人とするものであった．

計画に基づき，都市基盤整備としては，渡良瀬川南岸と北岸の東西に都市地域を伸ばすべく区画整理が実施され，また市街地整備にあたっては，雇用を確保し人口増加を図るべく住宅団地や工業団地の造成などが進められた．また，産業振興では既存の繊維産業を育成，集約・近代化しつつ，新たに重化学工業のウェイト拡大を目標に掲げ，企業誘致を図っている．この開発トレンドは人口増加が鈍化しても継続され，現在の足利市の都市構造形成に大きな役割を果たした．

（2）トリコット工業団地の郊外商業地化で二極化する都市構造

中心商業地として強い吸引力を形成した1970年代は，同時に中枢管理機能

の渡良瀬川北岸北東部への移転，卸売団地造成による問屋機能の移転など，都市機能の分散化が始まった時期でもある[13]。こうした動きは製造業も例外ではなかった。

　足利市における繊維業の工場の多くは，中心市街地やそこに隣接する地域にも集積していた。そのため，住工混在による用地不足や騒音などの環境問題を抱えていた。そこで繊維業の競争力向上の観点から，金融機関の後押しもあり，トリコット業の集団化を図るべく工業団地造成構想が持ち上がり，工業団地協同組合が設立された。そして，中心部に比較的に近い渡良瀬川南岸区域に1971年，21企業からなるトリコット工業団地が完成した（図11，図12）。

　しかし，工業団地が完成してまもなく繊維業は曲がり角を迎え，消費者ニーズの多様化や価格競争などから進出した工場の撤退や廃業，縮小や業態変更などを惹起した。その結果，製造業に特化した土地利用から，1990年頃には商業施設や娯楽施設，駐車場などへの転換が起こり始めている。さらに20年以上経過した現在は，大型小売店舗の集積する区域へと変化し，かつての地域経済を牽引した工業地域の面影はほとんどない（図12）。

　2007年における中心商店街（図13左図のA〜Hの区間）とJR足利駅を基点に国道50号までの区間（図13左図のa〜hの区間）の路線価分布を比較すると，中心商店街の最高路線価となる図12のE地点付近と，大型小売店が集積する図13のc〜d

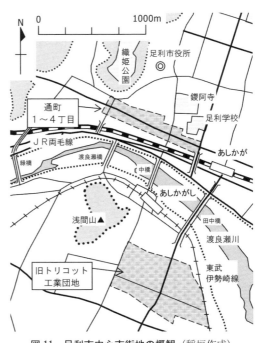

図11　足利市中心市街地の概観（稲垣作成）

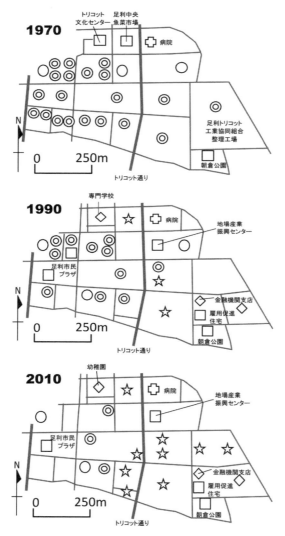

図12 トリコット工業団地における土地利用変化(1976・1990・2010)
(足利市史・住宅地図などより稲垣作成)

付近の路線価がほぼ同価格である。すなわち,路線価からみて,足利市の都市構造は,既存中心商業地と郊外型商業施設が集積した旧工業団地からなる二極構造へと構造変容が起こった。

(3) 都市構造の変化に対する都市政策の対応

①商業近代化地域計画における南北軸構想

郊外の工場跡地への商業集積と人口増加の鈍化を,足利ではどう認識し,新たな展開を検討したのだろうか。明確な構造変容が起こる前の1981年に策定された「足利市商業近代化地域計画」によれば,人口増加が鈍化しつつも,人口は伸び続けるとの認識で計画が固められている。中心市街地のある渡良瀬川北岸には地形的な制約などで開発の余地が少なく,南岸への開発が進むであろうという認識であった[14]。

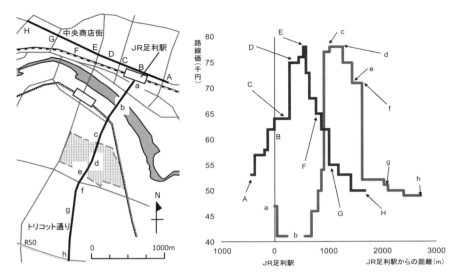

図13　中心商店街とトリコット通りの路線価の比較（2007）
（「路線価図 足利市（国税庁）」より稲垣作成）
注：地図上のアルファベットとグラフのそれが対応する．

市街化が著しい渡良瀬川南岸の存在を無視できず，二極構造形成が支持されている[15]。すなわち，あくまでも中心商業地を都心として位置づけて，右岸に出現する新市街地を副都心として機能分担を図り，渡良瀬川を挟んで一体的で補完関係にある都市構造形成を目指す，図14の［Ⅱ］調和型の「南北軸」が提案された。

中心市街地に対しては，店舗の共同化，美術館の整備，足利学校の整備など観光を交えた商業地としての魅力付けなどが謳われている。他方で，土地利用の混在化が進むトリコット団地に対しては，従前の繊維業に特化した立地政策でなく，研究開発部門や商業集積などのサブセンター構築によるビジネスアイランドの構想を出している。現状追認に近いものであるが，商業集積の中心は左岸の中心商業地と位置づけ，右岸の新興商業地は製造業などの技術革新や新産業創出など地域経済を牽引する区域としての位置づけであった。

商業近代化計画の策定後，地場産業センターや市民文化センターの進出は

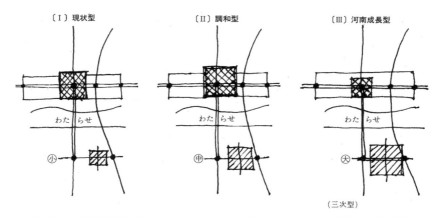

図14 商業近代化地域計画で示された中心商業地とトリコット工業団地の位置関係
（「足利市商業近代化計画（商業近代化委員会足利地域部会編）」より）

あったが，トリコット工業団地の再構築構想に対する具体的計画は策定されず，土地取引では商業集積に偏った土地利用転換であった[16]。1992年に計画の見直しが図られ，以前よりも観光に重点を置いた中心商業地の活性化，トリコット工業団地には商業だけでなく業務系や居住といった多機能な商業核形成と，両区域の棲み分けを図る「翼（TWIN）CITY構想」が示されたものの，図12の下にあるように，計画で掲げた機能誘導は進まず，政策展開による土地利用コントロールなしで現在に至ったといっても過言ではない。

②観光地化と衰退化の並存する中心市街地

他方で，中心商店街では1988年に商店街の電柱の地中化や歩道の整備，アーケードの撤去をはじめとする再整備が行われ，1994年には美術館と集合住宅が併設された再開発事業が図られるなどした。また，足利学校の整備に伴い，周辺区域を併せて歴史的地区として都市計画の風致地区の指定を行い，建築制限や修景補助，街路整備が行われた。そして，大河ドラマの放映を契機とした観光交流拠点である太平記館の建設といった観光地整備も進んだ。

しかし，中心商店街とトリコット工業団地がある朝倉町の小売店売場面積の推移を比較すると，1990年代に中心商業地では大型店が相次いで撤退したこともあり，1982年の約5.5万m²から2007年には2万m²弱と大きく減少したの

第5章　人口減少期における足利市の都市構造変化と都市政策　69

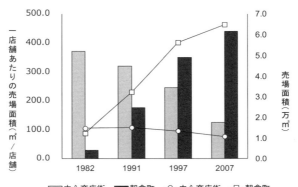

図15　中心商店街とトリコット工業団地付近の売場面積と店舗あたりの売場面積の変遷
（「統計あしかが（足利市）」より稲垣作成）
注：左軸（折れ線グラフ）が店舗あたりの売場面積，右軸（棒グラフ）が売場面積．

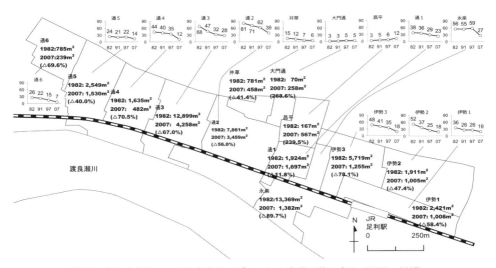

図16　中心商店街における商店数（グラフ）と売場面積の変化（1982・2007）
（各年の「商業統計調査書（足利市）」より稲垣作成）
注：折れ線グラフは縦軸：商店数，横軸：調査年，区域内数字は1982年と2007年の売場面積および両年間の変化率を表す．

に対して，朝倉町では約 5,000 ㎡から約 6 万㎡と逆転している（図 15）。また中心商業地は 1982 ～ 2007 年の期間に，店舗数・売場面積ともに大きく減少した（図 16）。特に大型店の立地していた通 2 や通 3，永楽町は大きく売場面積を減らし，周囲からの吸引力を保持できない状態となった。他方で，足利学校や鑁阿寺への観光客が訪れる大門通りや昌平町では，売場面積の小さな店舗が増加する傾向にあった。現在では，これらの観光資源を活かして観光誘客を進めるべく，歩いて回遊できる環境づくりが行われている。

全般的に中心商業地では地盤沈下が進むものの，外部からの観光客が来街する区域ではさほど縮小しておらず，そうでない区域との差異が生じている。観光誘客による波及効果は限定的であるといえよう。

4. 人口減少期の都市構造とまちづくりの方向性－まとめにかえて－

(1) 足利市の人口減少局面での都市構造変化

両毛地域の人口が増加したなかで，足利市は早期に人口減少に転じたため，相対的に都市力を落とした。足利市の人口の地域的分布は，周辺部も徐々に減少が進む一方で，新旧の市街地からなる二極構造となった。他方で，市街地拡大ペースは，人口が増加した近隣都市と比べても遜色がない。そのため，人口的にも都市機能的にも密度が低く分散した都市構造へと変容した。このことは都市人口が今後ますます減少することを見据えて，都市開発の方向性を改める必要性を示唆する。

過去の都市政策を俯瞰すると，1960 年代に中心商店街の基盤整備が図られた結果，1970 年ごろは強い商業吸引力の都心があるコンパクトな都市構造であった（図 17 の A）。他方で，一部の都市機能の郊外転出が始まり，地域経済を牽引した繊維業の集団化・郊外移転もなされた。

この集団化・郊外移転で形成された工業団地も，繊維業が不況業種となり，事業所の縮小や撤退を余儀なくされる状態となって土地利用転換が起こり，1980 年代中頃から商業機能が集積し始め，二極構造を生む結果となった（図 17 の B）。産業構造の転換や人口減少社会への変容期には広大な土地利用転換

が惹起する。当時の都市政策では，この新旧の市街地を機能分担させる計画がなされたが，必ずしもそうとはならず現在に至っている（図17のC）。

もし明確にコンパクトな都市構造を形成することや地域経済を新たに牽引する産業を育成することができていれば，異なる都市構造となっていた可能性がある。

(2) 人口減少期に求められる都市のかたち

足利市のように多くの都市では新旧の市街地が併存する構造を持つなか，強力な政策的コントロールがなければ，無秩序な都市構造のまま人口減少を迎えた場合に，郊外部でも空洞化問題が発生する懸念がある。その場合，都市の持つポテンシャルは発揮できずに地域経済が滞り，人口減少に拍車がかかる可能性もある。それを是正するためには，税収が減少するなかで既存の都市基盤を活かしたコンパクトなまちづくりが不可欠となる。

そこでは都市政策の方向性

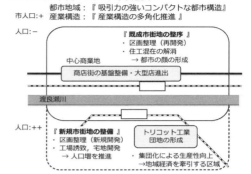
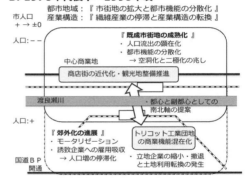
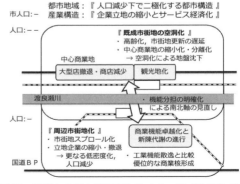

図17　足利市の都市構造変化のイメージ（稲垣作成）

を転換させて，人口減少の影響を緩和するべく，都市構造や産業構造，コミュニティがどうあるべきかを検討し，諸施策を関連づけた政策の展開が求められる．その方向性として都市地域の拡大を抑制し，中心市街地や拠点となる区域といった複数の「地域的なまとまり」から構成されるネットワーク型都市構造が望ましいと考える．

　これら「地域的なまとまり」を基礎単位として，観光客など広域的な集客を図る区域や，基幹産業として雇用や富をもたらす区域というように，都市内での役割を持たせて，それぞれの区域で相互補完しながら自律的発展するかたちが望ましい．このようにして都市機能の集約化を図り，市街地の密度を維持・向上させることで，中心市街地をはじめとする複数のコンパクトなまちを形成し，公共交通網や機能面でネットワーク化する都市構造が求められる．

　以上のように，コンパクトなまちづくりは人口減少時代における中心市街地の活性化や公共交通問題，住宅問題，行財政問題をはじめとする都市に横たわる諸問題を解決する重要なツールとして展開されるべきである．

（稲垣昌茂）

〔注〕
1) 国立社会保障・人口問題研究所（2013）『日本の地域別将来推計人口（平成25（2013）年3月推計）』．
2) 稲垣昌茂（2008）「都市空間の構造変容を踏まえた多核心型構造の構築のあり方に関する地域政策学研究」（未公表）pp.153-154．
3) 両毛とは，現在の群馬県の旧国名である上野（毛）と現在の栃木県の下野（毛）の両方にまたがる地域という意味を持つ．また両毛地域の市町村合併は，旧桐生市と旧新里村，（勢多郡）旧東村で現在の桐生市が，旧太田市と旧薮塚本町，旧新田町，旧尾島町で新・太田市，旧大間々町と黒保根村，笠懸町が合併してみどり市が，旧佐野市，旧田沼町と旧葛生町が合併して新・佐野市が誕生している．なお，館林市及び，邑楽郡を構成する5町，足利市は合併せずに現在にいたっている．
4) 国土交通省の示す，輸送機関別輸送分担率は栃木県，群馬県ともに自家用車が90％超で，路線バスや鉄道などのいわゆる公共交通機関は5％前後となっている．
5) 旧桐生市では，人口移動調査の累積数を読み解くと，隣接する周辺市町村への人口移動が多く占めており，この周辺市町村を一つの"市"とみなせばいわば都市地域から郊外に人口が移動したとみなすことができるが，足利市は一つの基礎自治体として政策が長く展開されていることから対象地域とした．

6) 両毛地域では，市町村総生産額の約 3～5 割が製造業となっており，地域経済に占めるウェイトは高い．足利市では，繊維産業の停滞化に伴う産業構造の転換を経験したため，サービス業の割合がやや高い傾向にある．なお，繊維産業の衰退については，伊丹敬之＋伊丹研究室編（2001）『日本の繊維産業－なぜ，これほど弱くなってしまったのか－』（NTT 出版）に詳しい．
7) 両毛地域内の都市圏の設定については，広域行政圏や市町村合併の結果を考慮し，5 都市圏を便宜的に設定した．設定した都市圏の構成は，①足利都市圏：足利市，②佐野都市圏：佐野市（旧佐野市，旧田沼町，旧葛生町），③桐生都市圏：桐生市（旧桐生市，旧新里村，旧東村）とみどり市（旧大間々町，旧笠懸町，旧黒保根村），④太田都市圏：太田市（旧太田市，旧藪塚本町，旧新田町，旧尾島町），⑤館林都市圏：館林市，板倉町，明和町，千代田町，大泉町，邑楽町である．
8) 各年次の小売業吸引力（C）は，以下のように求めた．$C = (r/R) / (p/P)$ ただし，C＝足利市の商業中心性，r：足利市の小売業年間販売額，R：両毛地域の小売業年間販売額，p：足利市の人口数，P：両毛地域の人口数．
9) 1970 年の足利市の DID に関する各指標を 100.0 として比較すると，DID 人口は 1990 年が 164.6，2010 年が 160.7 と 90 年以降は横ばい傾向にある．また DID 面積は，1990 年が 300.0，2010 年が 342.2 と増加し続けた結果，DID 人口密度は 1990 年に 54.9，2010 年には 47.0 へと低下した．
10) 商圏人口は，1957 年の 20 万人から 1965 年には 13 万人まで減少している．
11) 足利市（1978）『足利市史』955p．
12) 各計画の期間は，次の通り．第一次足利振興計画（1966～1975），第二次（1971～1980），第三次（1976～1985），第四次（1986～2000），第五次（1996～2005），第六次（2006～2015）．
13) 中心市街地近辺に立地した郵便局，電話局，消防本部などの中枢管理機能が中心市街地の北側に移転している．
14) 商業近代化委員会足利地域部会編（1981）『足利地域商業近代化地域計画報告書』
15) 示された図面では，従来からの中心市街地とトリコット工業団地の両区域を機能分担させて発展させる調和型と従来からの中心市街地ではなくトリコット工業団地を新しい中心市街地として発展させる河南成長型が示されたが，計画書では前者のほうが望ましいと位置づけていた．
16) 足利商工会議所編（1992）『足利地域商店街等活性化調査報告書』pp.136-137．なお，その後策定された都市計画マスタープランなどにおいても，表現の違いはあっても南北軸の考え方は継承されている．

コンパクトなまちづくりと中心市街地活性化

第6章
歴史的建造物を活かした高田中心市街地活性化

　上越市は，新潟県の南西部に位置する人口約20万人の都市である。
　歴史的背景としては，高田城の城下町で商業の中心地の高田市と，直江津港を擁する工業と交通のまち直江津市が1971年に対等合併して誕生し，2005年には，いわゆる平成の大合併で周辺の13町村と合併して現在に至っている。
　まちの構造は，昭和の合併当時は高田・直江津の両中心市街地が賑わう複眼都市であったが，その後両者の間に設置された市役所を中心とした春日地区での開発が進み，現在では第三のまちの核となっている。また，モータリゼーションの進展に伴い，ロードサイド型の開発や，北陸自動車道上越インターチェンジ周辺等での開発が進み，より分散型の都市構造へと移り変わってきている。
　そして，2015年春には，高田地区から約4km南に新たな広域の玄関口となる北陸新幹線上越妙高駅が開業した。これからのまちの持続的発展を考えていく上では，本書のテーマであるコンパクトなまちづくりの考え方が何より重要であり，またその実現のために克服すべき課題が多い都市でもある。なかでも上越市中心市街地の高田地区における活性化が市の大きな政策課題となっており，中心市街地活性化計画に基づき，官民を挙げて様々な取り組みが行われている。
　中心市街地活性化の取り組みは，全国の自治体で様々な試みが進められている。それらの中での高田地区の特徴の一つは，雁木や町家といった歴史的建造物を地域資源として捉え，それらに関わる多様な市民団体が互いに連携しながら多彩なまちづくりを展開していることである。

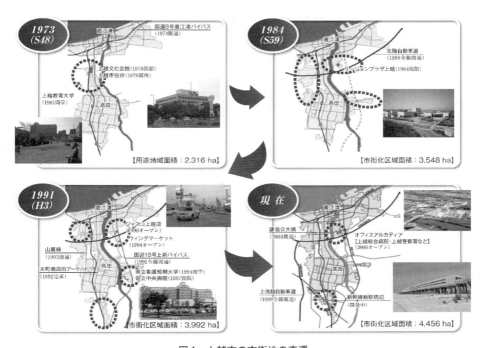

図1 上越市の市街地の変遷
出所）上越市創造行政研究所ニュースレター vol.27

　筆者は，上越市の組織内シンクタンクである上越市創造行政研究所[1]において，2001年度から3年間，歴史的建造物の保存と活用や地域資源を活かした地域おこしの調査・研究を担当した。その後，2004年度からの約4年間，市の歴史・景観まちづくり推進室[2]において，歴史的建造物を活かした高田中心市街地活性化の担当者としてまちづくりに関わってきた。

　その中での筆者の体験や，これまで約10年間のまちの変化を振り返ってみると，高田地区では，その歩みはまだ小さいながらも，地域住民自らの手によってコンパクトなまちづくりにつながる様々な活動や仕組みが芽生え，広がりを見せてきている。

　本稿では，行政の担当者として，また，一市民としてそれらに関わってきた筆者の視点から，背景にある考え方や展開の経過を紹介したい。

1. 歴史的市街地としての高田

　高田地区は，1614年に徳川家康の六男松平忠輝公によって開かれた城下町で，2014年には開府400年を迎えた。戦災を受けなかったため，江戸時代の町割が現在も町の骨格を形成する。市街地一帯には日本一の総延長を誇る雁木通り，江戸時代後期の町家，明治時代の芝居小屋，昭和初期の銀行建築，寺町の寺院群など様々な歴史的建造物が現存し，歴史的市街地の特性がある。特に，高田中心市街地の大半は，町人町であった地区であり，旧街道沿いや，格子状の通りと辻に雁木のある町家が軒を連ねる木造密集市街地である。
　このような特性は，高田のまちの将来を考える上で，歴史・文化・景観といったまちのアイデンティティの継承という点において，また，まちを支える経済社会基盤の維持・確保という点においても不可欠な視点である。
　戦前に建てられた伝統的な町家は，現在も日常生活の場として利用されている。その数は600から700棟程度はあると推計される。これらの多くは，条件が整い申請さえすれば登録文化財となる可能性を秘めた歴史的建造物である。しかし，その数があまりにも膨大で，内部や外観の改造も施され，新しい住宅やビル，マンションも混在している。そのため，狭い意味での文化財の保存や，厳しい景観規制といった手法のみで，高田のまちらしさを継承していくことは困難である。
　また，高田地区は，江戸時代以来上越地域の中で最も人口集積のある政治経済の中心地として栄えてきた。しかし，現在では人口減少や高齢化，商業地区としての地位低下が著しく，まちとして存続していくための経済社会基盤の確保が大きな課題となっている。
　上越市の商業や賑わいの中心地である高田のまちにとって，近代化された商店街の活性化が重要な課題である。しかし，高田という歴史的市街地を存続していくためには，まちの大半を占める木造密集市街地の経済社会基盤確保も重要となる。
　以上のように，高田市街地における歴史的建造物を活かした活性化は，単な

第6章 歴史的建造物を活かした高田中心市街地活性化　77

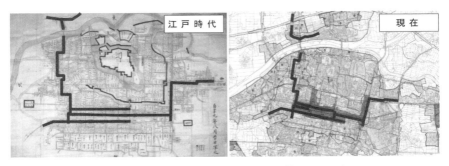

図2　高田市街地の変遷と雁木通り（太線が雁木通り）

る趣味や精神論の話ではなく，極めて現実的な政策課題として捉えていく必要がある。そのためには取り組みの方向性として，歴史的建造物を地域資源として再評価し，それらの保存・活用を通じて「住んでよし，訪れてよし」のまちづくりを実現していくという総合的な施策として展開していくことが必要となる。その意味で筆者は，新た

写真1　高田の町割

な商業ビルの開発やマンション建設を否定しない。むしろまちの利便性や賑わいを確保していくための選択肢として必要な事と考えている。

　何より大切な事は，新たな開発と並んで既存市街地の継承という問題を車の両輪として捉えていくことである。

2．地域資源としての雁木と町家

　歴史的建造物を活かした高田中心市街地活性化を進めていく上で特に注目した地域資源が雁木と町家である。

　雁木は私有地の上に家々の軒先を出して雪深い冬期間の生活通路を確保するために設置されたものである。高田の雁木は江戸時代から現代までの約

写真2　雪の高田（明治時代）

写真3　高田の雁木と町家

写真4　高田の雁木

写真5　高田の町家の外観

350年もの間，日常生活の中で受け継がれてきている。その総延長は現在でも約16kmに及び圧倒的な日本一の長さを誇る。このような雁木通りは，城下町高田の町並みの最大の特徴であるとともに，現代生活の中でも冬期間の通路としての基本的な機能だけでなく，雨や日差し，自動車から歩行者を守る役割も果たしており，「歩いて暮らせるまち」の機能として有効かつ重要な装置である。

　まちを歩く人たちのために私有地の中に屋根付きの通路を確保するという雁木のシステムは，まさに雪国高田で暮らす人々の「ゆずり合い・助け合い」の心のシンボルでもあり，アンケート調査[3]では市民の約9割が保存の必要性を認めている。また，雁木の裏にある住宅の多くが「うなぎの寝床」に例えられる「町家」である。ミセ・チャノマ・ザシキがトオリニワ（ドマ）に沿って

並ぶ「一列三室型」が標準的な間取りとなる。チャノマ上部には吹抜けがあり，そこには採光や煙出しのための天窓，太い梁組み，空中の渡り廊下が見られ，外観からは想像が付かない程，魅力的な空間となっている。

しかし，せっかくの魅力的な空間も地元住民にとっては当たり前の存在で，現代のライフスタイルの中ではマイナスイメージが先行している。その一方で地域住民以外には，その魅力的な内部空間の存在がほとんど知られていなかったのである。かく言う上越市生まれの筆者も，町家の内部空間のことは，この仕事に関わるまで知らなかった。

写真6　高田の町家の内部

3. 雁木や町家と中心市街地活性化との関わり

田では，今日も雁木や町家が日常生活の中で利用されている。しかし，年々その姿は減少しており，その構図を整理したのが図3である。

本来，店舗併用住宅である町家は，経済社会環境の変化の中でその生業が成り立たなくなり，専用住宅となったものが多い。しかし，専用住宅としては現代生活の中で不便な点が多く，空家として放置され，解体されてきた。その結果，定住人口の減少が進み，中心市街地の空洞化を進展させた。また，母屋の町家の消滅に伴い雁木もなくなり，雁木通りとしての連続性は途絶え，歩行空間としての利便性が低下するとともに，高田らしいまちなみも失われることになる。

このように，高田中心市街地に多く現存する歴史的建造物は，中心市街地の空洞化の過程に組み込まれているのである。このことは，逆に言えば，雁木や町家の評価が変われば，まちが活性化していく好循環を生み出す可能性を秘めているといえよう。実際，筆者自身も初めて町家の内部の吹き抜け空間を見た

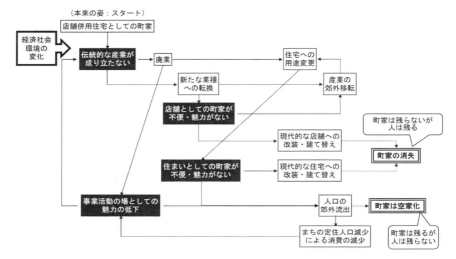

図3　町家とまちの衰退の構図

時の驚きと感動は，今も忘れられない．また，その事を知った後には，高田のまちを見る目が180度変わってしまった．

　歴史的建造物を活かした高田中心市街地活性化の取り組みは，筆者が高田の町家を見て感じたような驚きや感動をより多くの人に感じてもらえるようになれば，高田で暮らし，高田に訪れてみたいと思う人が増えるのではないか，そして，そのことを通じて新たな経済活動が起こり，まちの経済も活性化するのではないかという想いが発想の原点である．

4．歴史的建造物の保存と活用に関する取り組みの経過

　冒頭に述べたとおり，高田地区での取り組みの特徴は，雁木や町家といった歴史的建造物を地域資源として捉え，それらに関わる多様な市民団体が互いに連携しながら多彩なまちづくりを展開していることにある．このような動きは，ここ10年ほどの間で急速に盛り上がりを見せてきたものであり，図4は，その経過をまとめたものである．以下，それぞれの段階での特徴的な出来事や取

（年度）

ジャンル		施策・団体名等	H12以前	H13	H14	H15	H16	H17	H18	H19	H20	H21	H22	H23	H24	H25
行政	文化財	文化財の指定・調査など					登録2件				登録3件			登録4件		
行政	景観形成	景観条例、景観形成基本計画、景観情報誌の発行など														
行政	各種調査・計画	雁木のまち体系的整備調査、歩いて暮らせるまちづくり関連ほか														
行政	創造行政研究所	歴史的建造物の保存と活用に関する調査														
行政	雁木の保存・活用	雁木市民検討委員会の開催 雁木・雁木通りに関する市民意識調査														
行政	歴史・景観まちづくり推進室（H16～H20）↓文化振興課（H21～）	歴史的建造物の取得・活用：旧小妻屋（現：町家交流館高田小町）	取得					設計	整備	開館						
行政	歴史・景観まちづくり推進室（H16～H20）↓文化振興課（H21～）	歴史的建造物の取得・活用：旧金津健太郎桶店				取得										
行政	歴史・景観まちづくり推進室（H16～H20）↓文化振興課（H21～）	歴史的建造物の取得・活用：旧今井染物屋					取得									
行政	歴史・景観まちづくり推進室（H16～H20）↓文化振興課（H21～）	歴史的建造物の取得・活用：旧第四銀行高田支店										取得		活用開始		
行政	歴史・景観まちづくり推進室（H16～H20）↓文化振興課（H21～）	歴史的建造物を活かした高田市街地活性化戦略の作成					策定									
行政	歴史・景観まちづくり推進室（H16～H20）↓文化振興課（H21～）	町家見学会（旧金津健太郎桶店、旧今井染物屋）					開始									
行政	歴史・景観まちづくり推進室（H16～H20）↓文化振興課（H21～）	雁木整備事業補助金					開始									
行政	歴史・景観まちづくり推進室（H16～H20）↓文化振興課（H21～）	高田まちなみ歴史散策 発行					発行									
行政	歴史・景観まちづくり推進室（H16～H20）↓文化振興課（H21～）	高田市街地歴史的建造物現況調査					開始									
行政	歴史・景観まちづくり推進室（H16～H20）↓文化振興課（H21～）	歴史的建造物等整備支援事業											開始			
行政	地域自治区制度	地域活動支援事業											開始			
専門家	大学	東京大学（藤井研究室）														
専門家	大学	新潟大学（黒野研究室）ほか														
専門家	地元	新潟県建築士会上越支部														
市民	商店街	「城下町 高田花ロード」実行委員会														
市民	町内会母体	仲町まちづくり協議会（H11発足）														
市民	町内会母体	南本町3丁目まちづくり協議会（H12発足）				発足										
市民	有志グループ	あわゆき組					発足									
市民	有志グループ	お馬出しプロジェクト						発足								
市民	有志グループ	越後高田町家三昧 世話人会						発足								
市民	有志グループ	おしゃべり処よってきない							発足							
市民	ネットワーク組織	越後高田・雁木ねっとわーく							発足							
市民	ネットワーク組織	高田まちネット									発足					
市民	NPO法人	高田瞽女の文化を保存・発信する会									発足					
市民	NPO法人	頸城野郷土資料室									発足					
市民	NPO法人	街なか映画館再生委員会									発足					
市民	NPO法人	街なみFocus											発足			
市民	その他	ジャンジャン下北沢雁木7丁目劇場									発足					
高田地区イベント	春	高田城百万人観桜会						連携								
高田地区イベント	夏	上越はす祭り						連携								
高田地区イベント	秋	城下町高田花ロード					連携									
高田地区イベント	秋	越後謙信SAKE祭り								連携						
高田地区イベント	冬	レルヒ祭						連携								

図4　高田地区での取り組みの経過

り組みを紹介したい。

（1）調査・研究活動と歴史的建造物の保存問題

上越市創造行政研究所では，2001 年度と 2003 年度に「歴史的建造物の保存と活用に関する調査」[4]を実施した。この調査は，市内に現存する歴史的建造

写真7　旧今井染物屋

物を把握し，その歴史的な価値を明らかにした上で，保存・活用策とそれらを活かしたまちづくりのあり方を提言するものである。

　調査は，東京大学の藤井研究室からのサポートを受け，述べ9人の公募による市民研究員とともに実施した。筆者は上越市創造行政研究所の研究員としてこの調査を担当した。調査では，筆者などの行政担当者と市民研究員がまちを歩き，多くの建物所有者の方々から話を伺い，互いに議論を行う中で，後の施策展開の基礎となる考え方や情報を整理した。同時に，後のまちづくり活動を展開する上でキーパーソンとなる人材の発掘やネットワークの形成をも図ることができた。

　本調査の終盤には，高田の町家のシンボル的な存在の旧今井染物屋の保存問題が発生し，調査研究の成果をそのまま市の施策やまちづくり活動につなげるきっかけとなった。すなわち，解体寸前にあった旧今井染物屋の建物を，多くの市民の熱意によって上越市が取得した。それを契機にして，歴史的建造物を活かしたまちづくりを分野横断的に推進する専門部署「歴史・景観まちづくり推進室」が市役所に設置された。また，市民研究員や保存に関わった市民もそれぞれの想いを形にするための行動を起こすこととなったのである。

(2) 歴史・景観まちづくり推進室での取り組み

　歴史・景観まちづくり推進室では，行政自らが歴史的建造物の所有者として保存・活用を図るとともに，図5で示すような多様なネットワークを形成しな

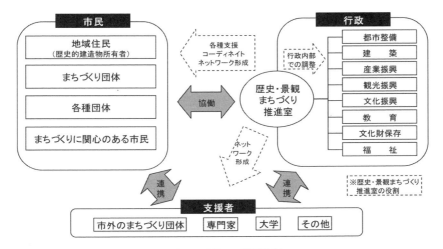

図5　取り組みの推進体制

がらソフト事業を展開した。

具体的には，取り組みの羅針盤となる「歴史的建造物を活かした高田市街地活性化戦略」を策定した。その上で，市が所有する町家を活用した目に見える形での情報発信策としての「町家見学会」を開催している。

また，市民・大学・建築士が連携した「歴史的建造物の現況調査」の実施や，市民による雁木整備に対する経済的支援策としての「雁木整備事業補助金」制度の制定などがある。

写真8　町家見学会

(3) 新たな市民団体の発足と多様なイベントの実施

このような行政の取り組みに呼応して，高田地区では2004年頃から様々な市民団体が新たに発足した。高田地区は元来，市内でも町内会を母体とした「まちづくり協議会」の活動が活発な地区であった。そのため，2004年の「あわゆき組」の発足を皮切りに，新たな感性を持った様々な人材がまちづくりに関

写真9　あわゆき道中

わり始めた。その結果，町家を利用した甘味処の開設や，伝統的な防寒具の角巻を雪国ファッションとして復活させた町歩きイベント「あわゆき道中」など，活動が一層多彩なものとなってきた。

　これらのイベントは，春の「高田城百万人観桜会」や，商店街を花のアートで彩る「城下町高田花ロード」，日本スキー発祥の地ゆかりの「レルヒ祭」など，高田地区の四季折々のイベントに合わせて開催される。既存組織との連携により，既存イベントの高田らしさが強化され，まちなかを歩いて巡るしかけの一つとなるなど，相乗効果が発揮されることとなった。

　活動が定着してくる中で，「越後高田・雁木ねっとわーく」や「高田まちネット」といった市民団体同士が連携を図る新たなネットワーク組織が発足した。また，行政による町家見学会と市民団体イベント，さらにはより幅広い地域住民も加わったイベント「越後高田町家三昧」も始まっている。

　このように，行政，市民の双方が，同じ目的に向かって，互いの強みや立場を活かし，ゆるやかな形で連携・協力しながらまちを盛り上げていく過程は，新しい形の協働の仕組みとしての意義も大きいと考える。

（4）高田小町を拠点とした日常的な情報発信

　2007年7月には，市が歴史的建造物の再生・活用のモデルケースとして整備した「町家交流館高田小町」が開館した。この建物は，地域住民による文化活動や様々な商業者による展示会，アーティストの活動の場となっている。これにより，日常的な情報発信が行われるようになり，地域住民以外の幅広い人たちも歴史的建造物の魅力に触れ，実際に活用することが可能になった。

（5）イベント型の市民活動から総合的な地域づくりへの展開

　2008年頃からは，組織的かつ専門的な活動を展開していくためのNPO法人が複数発足した。活動内容は，イベント型からより日常的・継続的な内容へと拡大している。また，構成員の範囲も歴史的建造物の所有者を含む地域住民や

第6章 歴史的建造物を活かした高田中心市街地活性化　85

写真10　町家三昧の様子とイベントマップ

写真11　旧小妻屋を改修した「町家交流館　高田小町」

上越市内外の専門家に拡大し，より総合的で地域に根差した活動の展開が見られるようになった。

(6) まちづくりを支える資金面での支援体制の構築

　このような中で，高田地区では，歴史的建造物の所有者も自らが所有する建物を登録文化財とする動きも増えてきた。それらの動きに対して，上越市では，「歴史的建造物活用基金」[5]や地域自治区制度と連動した「地域活動支援事業」[6]

写真12　町家交流館　高田小町の内部

を設けて支援している。

　また，NPO法人の中には，団体自ら建物を取得し運営を行うとともに，その改修経費の寄付を募る活動や，独自に基金を創設して修景活動を展開するところもある。このように，目に見える活動を展開するための資金をより多くの人達から集める工夫と努力が様々な形で展開されるようになってきている。

5. 上越市のコンパクトなまちづくりをリードする高田地区

　以上の高田地区における動向は，発端こそ行政による調査研究活動や保存問題であったが，その後は市民・行政の双方が，互いの動きに呼応しながら，それぞれの役割からまちづくりを展開している。特に，高田中心市街地におけるまちづくりの特質は，市民が自らの生活や経済活動をより良いものにするための自然な営みとして歴史的建造物の保存活用に取り組んでいるところである。

　これらの取り組みは，直接的にはコンパクトなまちづくりを意識したものではない。しかし，筆者は，歴史的市街地である高田のアイデンティティを活かして，まちを持続的に発展させていこうとするこの取り組みが，結果として上越市におけるコンパクトなまちづくりを進めていく上で大きな意義を持っていると考える。

　コンパクトなまちづくりは大きな政策論である。しかし，その実現には地域住民や市民の意識を変え，自らの意思で生活や経済活動を変えていくことが何より必要となる。高田地区では，多くの課題をもつものの，歴史的建造物の保存活用という共通のキーワードをきっかけに，そのような方向に市民自らが着実に歩み始めているのである。

　上越市では，2014年に高田開府400年を迎え，2015年春にはまちの今後の

発展に大きなインパクトを与える北陸新幹線も開業した。このような歴史的な転換点にあって，高田中心市街地でコンパクトなまちづくりに資する取り組みが進められていることは，上越市全体でのコンパクトなまちづくりの推進に好材料をもたらすものと確信している．

(石黒厚雄)

〔注〕
1) 2000 (平成 12) 年に設置された上越市の組織内シンクタンク (現所長：戸所　隆)．市政における重要課題の解決や理想像の構築に寄与し，地方自治体としての政策形成能力を高めるため，総合的・中長期的・広域的な視点による調査研究などを行っている．2) 2009 年度からは，歴史・景観まちづくり推進室が所管していた「歴史資源活用推進事業」は，機構改革により文化振興課が所管している．
3) 上越市の雁木・雁木通りに関する意識調査 (2003 年 8 月：上越市企画政策課)
4) 2001 年度は「歴史的な建物と景観を活かしたまちづくりへ向けて」，2003 年度は「町家を活かしたまちづくりへ向けた提言」として実施．上越市創造行政研究所ホームページを参照．
5) 市民や企業等からの寄附金，財団法人民間都市開発機構からの拠出金，市のまちづくり基金からの繰入金を「上越市歴史的建造物等整備支援基金」に積み立て，その資金 (総額約 1 億 2 千万円) を活用し，市民団体等が自主的に行う歴史的建造物等の保全・改修に係る事業に要する費用に対して助成を行う制度．
6) 地域の課題解決や活力向上に向け，地域活動資金を 28 の地域自治区に配分し，住民の自発的・主体的な地域活動を推進する制度．

※本報は，筆者個人の見解であり，組織としての見解ではない．

第7章
英国ノリッジにおける中心市街地再生政策

1. はじめに

　わが国では地方中小都市を中心に，過度の郊外化の進展と中心市街地の衰退・空洞化が深刻化し，駅など交通結節地を核とした旧来型の都市構造が崩壊しつつある。これは，1990年代の大規模小売店舗法の規制緩和・廃止，まちづくり3法の制定を経て，その改正までの「まちづくりの失われた15年」の間に，大型店の郊外立地に歯止めを掛けることができず中心市街地の衰退を加速化させ，上述した不可逆的な都市空間構造に変容させてしまったことが大きな原因である（山下，2008）。そうした地方都市の過度の郊外化は，いわゆるモータリゼーションの利便性を享受し，マイカー利用を前提とすれば快適な生活空間を確保できる郊外居住の拡大と，それにともなう郊外への生活空間の重心移動が背景にある。もちろん郊外居住の進展には，その比較対象となる中心市街地でのまちなか居住と比して，郊外の魅力やメリットが総合的に勝った結果でもある。

　つまり，わが国でも一部の大都市都心部や一定以上の人口規模をもつ地方都市圏の都市核は，郊外化の影響を受けつつもある程度の中心性を維持し，極端な衰退は免れている。他方，おおむね人口20万人以下の規模の都市では，中心市街地の衰退傾向は避けられない状況になりつつある。こうした状況のなか，各地で中心市街地活性化の取り組みが行われているが，その成果を認められる事例は一部にとどまるのが現状である。人口減少社会に対応したコンパクトなまちづくりを目指して行われた2006年の都市計画法改正により，郊外での大規模開発に大幅な規制がかけられたが，すでにマイカー依存型となった市民の

ライフスタイルと交通結節性が低下した都市構造を元に戻すことは容易なことではない。そのため中心市街地の機能や役割などを都市の人口規模などに応じて見直すべきであるという考え方も生じ始めている。

　筆者は，これまで「持続可能な住みよい都市」のあり方としての Livable City（以下，リバブル・シティ）に注目し，バンクーバーやメルボルン，グルノーブルなどの土地利用と公共交通を結びつけた整備政策の特徴や郊外市街地の現状などについて一連の報告をしてきた（Yamashita *et al*. 2006；山下，2007；山下・伊藤，2008）。リバブル・シティは「住みよさ」に着目した都市の概念であるため，本来その評価の視点は経済環境や社会文化環境，交通機関などの社会サービスなどにとどまらず，治安や自然環境など多岐にわたる。また地域により住民のライフスタイルなど地域性も異なるため，必ずしも画一的なモデルが存在するものでもない。しかし，筆者は現代の都市に求められる「持続可能性」の観点からクルマ依存でない，コンパクトなまちづくりが実践されているこれらの都市を対象に調査を行ってきた。ここで取り上げる英国ノリッジ市は2004〜2007年にEU（ヨーロッパ連合）の「Liveable City Project」[1]（以下，リバブル・シティ・プロジェクト）の支援を受け中心市街地の再生に取り組み，2006年には「英国で最も買い物満足度の高い都市」として高く評価されている。本章では，わが国での現状を踏まえつつ，リバブル・シティの視点からこれまでの発想とは異なる中心市街地再生の取り組み事例から学ぶべく，英国ノリッジ市を例にその取り組みと郊外をふくめた都市空間構造の特性について考察し，現在のわが国での取り組みに欠けている視点・発想を提供したい。

2．ノリッジ中心市街地の概要とその再生のねらい

(1) ノリッジ中心市街地の概要

　ノリッジ市はロンドン北東郊約200kmに位置する人口約13.3万人（2011年センサス），面積は約39km²でイングランド東部ノーフォーク郡（人口79.7万人）の郡都である（図1）。ノーフォーク郡は英国全体の中でも比較的高齢化の進展した地域のひとつであるが，ノリッジ市は20歳台の人口が最も多く，特徴

図1　ノリッジ市の位置（筆者作成）

写真1　ノリッジ城
（2006年11月筆者撮影）

写真2　ノリッジ大聖堂
（2006年11月筆者撮影）

的な人口構成を有している。ノリッジ市は現在でもイングランド東部最大の都市であるが，工業化以前の数世紀にはロンドンに次ぐ人口規模を有したイングランド第2の都市であり，歴史都市としての性格をもつ。ノリッジ市のシティ・センター（以下，中心市街地）はかつて14世紀につくられた城壁に囲まれていたが，現在城壁は一部を残し環状道路に置き換えられている。

中心市街地には，11世紀に建てられたノリッジ城（写真1）とノリッジ大聖堂（写真2）がランドマークとして存在する。また，中心市街地に多数立地する教会と細く曲がりくねった道路網が，歴史都市ノリッジの景観を特徴づける。中心市街地には中世に57の教会が立地し，そのうち31は現存している。また中心市街地には11世紀から現在まで続くマーケットのほか，1960年代までは

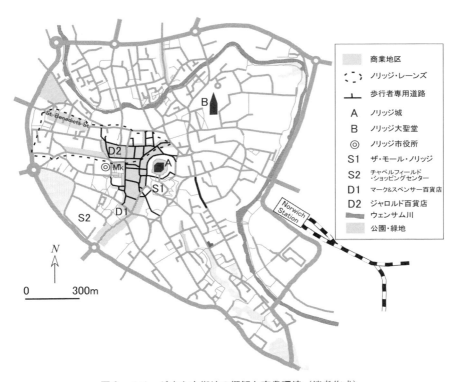

図2 ノリッジ中心市街地の概観と商業環境（筆者作成）

羊の市場なども立地し，この地区が約1,000年も以前からこの地域一帯における文化的・経済的な中心として機能してきたことが推察できる。ノリッジ市の経済は，かつては食品加工や製靴などの製造業に特徴があったが，1980年代以後サービス経済化が進展している。

今日の中心市街地には2つの大型ショッピングセンターをふくむ商店街やマーケットなどが比較的広範囲に展開し，商業空間としての性格が色濃く表れている。その最大の特徴は，1967年に英国で最初に導入された歩行者専用道路であろう。当初はロンドン通りのみであったが，現在はノリッジ城の西側およそ400m四方に広がり，主要な商業施設を結ぶコンパクトで快適な歩行空間を提供し，ノリッジ中心市街地の賑わい創出に大きく貢献している（図2）。

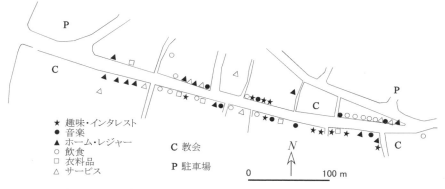

図3 聖ベネディクト通りの店舗分布（2008年10月現在，筆者作成）

写真3 ジェントルマンズ・ウォークの賑わい
（2006年11月筆者撮影）

写真4 チャペルフィールド・ショッピングセンター（2006年11月筆者撮影）

とりわけノリッジ・レーンズ（Norwich Lanes）と呼ばれる商店街の主要部は，百貨店をふくむ個性的な店舗・飲食店，約140店で構成されている。そのうちマーケット前の最も人通りが多く賑わうジェントルマンズ・ウォーク（写真3）と，若者の街ノリッジの特徴をよく表したアートセンターを中心に楽器店や趣味の店などが多く立地する聖ベネディクト通りには，ノリッジ中心市街地の特性がよく表れている（図3）。

中心市街地の大規模な商業施設には，前述の主要な2つのショッピングセンターとして，羊の市場跡につくられたザ・モール・ノリッジ（1993年オープン，

2006年までの名称はキャッスル・モール）と，中心市街地の外れにあったチョコレート工場と立体駐車場の跡地につくられたチャペル・フィールド・ショッピングセンター（2005年オープン，写真4）がある。それ以外では英国の代表的な百貨店，マーク＆スペンサーと地元資本のジャロルド（写真5）が立地する。店舗以外にも中心市街地にはオペラなどの劇場も多

写真5　ジャロルド百貨店
（2006年11月筆者撮影）

く，なかでもロイヤル劇場は250年近い歴史があり，ノリッジ最大の1,300席の収容規模をもつ。これらに加え中心市街地に隣接してコンパクトに立地する映画館・ボーリング場などの娯楽施設は，歩行者専用道路の整備と結びついてノリッジ中心市街地の魅力を高めている。

(2) EU支援の"リバブル・シティ・プロジェクト"

リバブル・シティ・プロジェクトは，北海に隣接するリンカーン市（英国），トロンヘイム市（ノルウェー），オーゼンセ市（デンマーク），ヘント市（ベルギー），エムデン市（ドイツ）をパートナーに，EU域内の均衡ある発展を目的とした北海プロジェクトのひとつで，ノリッジ市に事務局が置かれた。このプロジェクトは，2004～07年の4年間で総額1千万ユーロの事業規模をもち，そのうち50％はEUのヨーロッパ地域開発基金からの支援である。

　このプロジェクトはヨーロッパの歴史的な都市の中心部を対象に，その歴史遺産の保全，住民の生活や就業，レジャー・各種サービス機能やアクセス環境など公共空間としての都市中心部に改善することを目指している。とりわけ人々の生活や活動の拠点となる多くの建物を取り囲む道路を，単なる交通空間からかつてのように様々な交流活動のできる公共空間に転換することに特徴がある。そのための手法としては，中心市街地内により広いオープン・スペースを作り出すことによって，単に交通の用途に限らない，人々が憩える場所にす

ることに主眼がおかれた。

3. ノリッジ市のリバブル・シティへの取り組み

ノリッジ市の中心市街地では1980〜90年代にかけて，①自動車通行量の増加による交通事故の増加，②マーケットの老朽化，③工場跡地や古い立体駐車場の荒廃，④中心市街地へのアクセシビリティ問題などが顕在化していた[2]。以下，それぞれの問題への取り組みについて述べてみよう。

(1) 歩行者専用道の整備・拡大

ノリッジ中心市街地における交通事故多発の背景には，中心市街地の街路が石畳に覆われ，曲がりくねった狭い路地も多く，自動車交通に不適であったことがある。ノリッジ市は1967年に中心的な商店街であるロンドン通りを歩行者専用道化していたが，中心市街地内の事故防止のために狭い路地を中心に商業地の歩行者専用区域を大幅に拡大した。さらに中心市街地に立地する駐車場の料金を政策的に高く設定する一方，利便性の高いパーク・アンド・ライド[3]（以下，P&R）を郊外に整備した（図4，写真6）。その結果，自動車の中心市街地への流入が減り交通事故は減少する一方で，中心市街地への来街者は増加した。

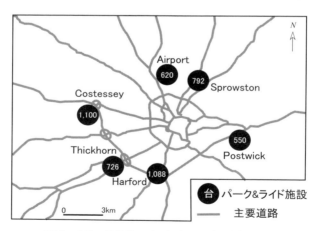

図4　ノリッジ郊外のパーク＆ライド（筆者作成）

このことについて市担当者は,「ノリッジが古い街であったことがラッキーだった」と説明している。つまり中心市街地が自動車交通に不向きなコンパクトで狭い路地も多いことを中心市街地の商業地から自動車を排除する説明理由として用い,広く市民の理解を得ることができたのである。

写真6　ノリッジ南郊のハーフォード・パーク＆ライド（2008年10月筆者撮影）

ノリッジ郊外に整備されたP&R用の駐車場は6ヶ所あり,合計で4,867台の駐車スペースが用意され,ノーフォーク郡協議会によって管理・運営されている。各駐車場と中心市街地内の駅やバスターミナルは,概ね数分間隔で運行されるバスで結ばれている。また,この協議会が管理するバス路線網は郊外に広くネットワークされており,買い物客や通学などに広く利用されている。また一部のP&R駐車場付近にはビジネス・パークが立地し,バスはそれを経由して中心市街地に向かうが,その際そのビジネス・パークに立地する企業の社員は無料で乗車できる。これにより買い物客などの少ない平日の昼間でもビジネスマンの利用が確保され,「空気を運ぶバス」になることを避けている。

(2) マーケットの改修と歩行空間の拡大

11世紀から続くノリッジのマーケットは,ジェントルマンズ・ウォークと市役所前の聖ピーターズ通りの間に立ち並ぶ約200の仮設店舗からなる（図2）。個々の店舗は雑貨などを販売する数㎡の小さなものだが,その屋根はかつてのサーカスのテントを思わせるカラフルなビニー

写真7　ノリッジ・マーケット
（2006年11月筆者撮影）

ル製で，特徴的な景観を創造している（写真7）。2006年には老朽化した店舗の改修を行ったが，特徴的なカラフルな景観は維持された。その際マーケットの出店エリアを約20％削減し歩行空間の拡大に当てる措置が取られ，ジェントルマンズ・ウォークと呼ばれる開放的な歩行空間に改良された。これはリバブル・シティ・プロジェクトの目的のひとつである道路を単なるクルマの通路でなく，モータリゼーション以前の人々が憩うことのできる公共空間としての性格を取り戻す取り組みである。その結果，狭い歩行者専用道が多くを占める中心市街地のなかで，ジェントルマンズ・ウォークは平日の昼間でも多くの買い物客などが行き交う，より回遊性の高い空間となった。

(3) 安全性の確保と回遊性の改善

歴史の古い都市に共通した課題のひとつに，いわゆるインナーシティ問題がある。ノリッジ市の中心市街地の外れにも，市街地の郊外拡大以前に立地したネスレ社のチョコレート工場とそれに隣接した駐車場があったが，工場の閉鎖にともない，そこは薬物利用者らの集まる荒廃地区になっていった。また，荒廃した建造物が中心市街地内の通行を妨げるなど，様々な支障が生じていた。こうした問題を解決するため，2005年に再開発事業によりオーストラリア資本のチャペルフィールド・ショッピングセンターが開発され，不健全な衰退地区を魅力的な商業空間に再生し，中心市街地の回遊性向上にも大きく貢献できた（図2，写真4）。

ところが，チャペルフィールド・ショッピングセンターの開発に際しては，ある議論が巻き起こった。それは，中心市街地にはすでに1993年にザ・モール・ノリッジ（当時はキャッスル・モール）が立地しており，さらなるショッピングセンターの立地によってノリッジが英国では好まれないクローン・シティ[4]になることへの危惧であった。ノリッジをはじめ英国では，いわゆる全国チェーンの店舗にみられる画一的な店舗ファザードや没個性的な商品構成などは好まれない傾向にある。同様な均質化店舗の規制は米国の一部地域でも採用されている（矢作，2005）。こうした動向は，コンビニやファーストフード，大手ショッピングセンター，ファミリーレストランなど，多くのチェーン店が都市の消費活動の主要な舞台となっている現在の日本とは全く異なる。わが国では個性の

尊重や多様性が失われつつあり，こうした動向は日本の現状への警鐘とも受け取れる[5]。

(4) 中心市街地へのアクセシビリティ

　様々な取り組みにより魅力的な中心市街地に再生しても，そこまでの交通手段などのアクセスが確保されていなければ，その効果も半減しかねない。とくにノリッジの中心市街地はマイカーでの来訪が不向きな道路環境であることや，その対策としてP&Rのシステムを整備したことは先に述べた通りである。

　ノリッジ中心市街地には，多くの小売店や飲食店，ホテルなどの商業施設や，アパートなどの住居，個人事務所などが立地するものの，大規模なオフィスビルなどはみられない。こうしたオフィスの多くは，情報セキュリティの管理がしやすい郊外のオフィス・パークへ集積している。また中心市街地はおおむね4～5階建ての中層建築が多いが，かつての城壁の外側には戸建て住宅が多く，市全域の人口密度は約3,388人/㎢となる。これは平成の市町村合併により郊外に広く中山間地をふくんだ鳥取市の260人/㎢とは比べることはできないが，ヨーロッパ大陸のほぼ同規模の人口を有するフランス・グルノーブルの8,500人/㎢と比べるとかなり低い。

　そのためヨーロッパ大陸の多くの都市で導入されているトラム（LRT）ではなく，ノリッジの公共交通はバスである。このバスのネットワークは，先述したようにノーフォーク郡協議会が管理運営し，協議会から委託されたバス会社5社が利便性の高い運行を行う。ノリッジ中心市街地は商業集積の卓越したコンパクトな消費空間であり，休日の家族連れや観光客だけでなく，平日でも買い物客や高齢者などの来街者で賑わう。そうした様々な人々の中心市街地へのアクセスにバスは大きく貢献している。

(5) 郊外の土地利用と公共交通

　日本に比べ所得格差の大きい英国では，最低限度の日常生活を維持しうる様々な仕組みが施されている。都市内部の中心地整備もそのひとつであり，中心市街地を最上位とし，それに連なるディストリクト・センター，ネイバーフッド・センター，ローカル・センターから構成される階層的な中心地構造が政策的に形成・維持される。

都市および都市圏の最上位核に位置づけられる中心市街地は，買回り品や飲食，各種サービスが広く提供される一方で，それに次ぐディストリクト・センターは食料品や生活雑貨，サービスなど日常生活上のニーズに幅広く対応することを役割としており，郊外の各所に立地している。このようにそれぞれの中心地は規模や役割が規定されるため，今日の日本のような大型店立地などによる極端な郊外化の進展や，それによる中心市街地の著しい衰退は見られない。また中心市街地は，郊外と結ぶ放射状の公共交通網の中心に位置するため，高い中心性を維持することを可能とする環境が保持されている。

　他方，ノリッジ市の郊外には戸建て住宅を中心とした居住地域が比較的広範囲に展開する。こうした地域には上記のディストリクト・センターが点在しており，それらは概ね2つのタイプに分けられる。つまり，商店街を中心とした在来型のディストリクト・センターと，宅地開発などの人口増加に対応して新たに開発されたスーパーマーケットを核としたディストリクト・センターである。前者のタイプは，各種店舗のほか，郡図書館分室，医院，小学校なども立地し多機能に整備されており，郊外核としての利便性は高い。他方，後者のタイプはモータリゼーションにも対応しており，在来型のディストリクト・センターよりも集客力は高い。

　郊外にはディストリクト・センターのほかにもネイバーフッド・センターやローカル・センターも立地しているが，それらで提供される商品やサービスはディストリクト・センターに比べさらに限定的である。またホームセンターなどの大型店からなるリテイル・パークも郊外立地型であるが，その取扱い商品は高次の買回り品店などではなく，家電やペット用品などのかさばる商品を取り扱うバルキー・グッズの店舗や飲食店などで，中心市街地の商業集積を脅かす状況にはない（写真8）。

写真8　ノリッジ西郊のロングウォーター・リテイルパーク（2008年10月筆者撮影）

第 7 章 英国ノリッジにおける中心市街地再生政策　99

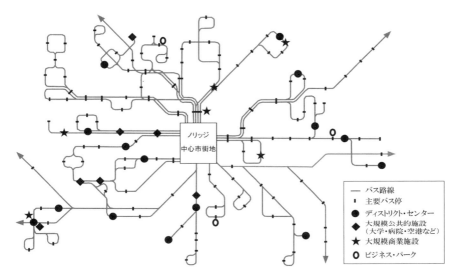

図5　ノリッジ都市圏のバス路線網と主要施設の分布状況（筆者作成）

　以上の郊外型の店舗集積のほかに，ノリッジ西郊には East Anglia 大学や大学病院などの大規模施設も立地する。大規模施設立地のみられる郊外は，中心市街地から放射状に整備されたバス路線によって結ばれるため，マイカー利用者でなくてもそうした施設の利用に不便を感じない公共交通環境となっている（図5）。

4．ノリッジの取り組みから学ぶべき点と日本の中心市街地再生の視点

　日本ではノリッジ市と同規模都市のほとんどが中心市街地崩壊の危機にさらされる中，ノリッジ市は 2006 年に「英国で最も買い物満足度の高い都市」として高く評価された。その魅力は，「個性」「回遊性」「コンパクト」「アクセシビリティ」の4語に集約できる。それによって地方中小都市の中心市街地が目指すべき魅力を再生していると考えられる。
　街の個性には，街そのものがもつ歴史性や地域性だけでなく，街を構成する店舗や施設のもつ固有性も重要であり，英国ではそれも高く評価される基礎と

なっていた。こうした個性あふれる街を体現できるのが，中心市街地の優位な点であることは再認識すべきであろう。中心市街地の歩行者専用空間化は，快適で楽しい回遊行為やクルマの危険を気にしなくて良い安全・安心の観点も見逃せない。こうした個性あふれるまちづくりと回遊性の高い空間を創造できたのも，元来城壁に囲まれていた中心市街地に，コンパクトな歩行者専用の商業空間を形成したことによる。そして，利便性の高い公共交通の整備などにより，誰もが中心市街地にアクセスしやすい交通環境を実現することが，市民生活のユニバーサルデザイン化への第1歩でもあろう。

　翻って，日本での私たちの日常生活はとかく利便性や効率性を追求しがちである。その結果，個人レベルの生活利便性を格段に飛躍させることに貢献したマイカーの存在なくしては，とりわけ地方都市圏では日常生活が成り立たない状況になりつつある。ところが，こうした状況は道路行政などにおいても歩行者よりもクルマ優先の整備方針と結びつき，ますます歩行者は道の片隅に追いやられることになる。また，近年若者のクルマ離れが話題となっているが，それが可能なのは代替の公共交通手段のある大都市圏居住の場合であり，地方都市圏や中山間地に居住する者には，日常生活の維持のためにマイカーが必要不可欠な状況は何も変わっていない。

　日常生活での利便性の追求は，日常的な全国チェーンの大型店の利用にも反映され，自分の好みに合った個性的な商品より，手ごろな価格と品質で入手しやすい店舗で購入できる商品が大衆に広く受け入れられている。こうした大型店が一般的には郊外立地型であることと併せても，わが国の地方中小都市の中心市街地は，ノリッジ中心市街地のような再生にはいくつもの高いハードルがあることが確認できた。

　こうしたわが国の消費志向が当面は変わりにくいと考えるならば，地方中小都市に相応しい中心市街地の機能やあり方を再検討する必要がある。その際，クルマ社会への対応が困難となる高齢者の増加などを見越した，アクセシビリティに優れ安全安心な歩行空間をもつ魅力あるコンパクトな中心市街地に再生することが目標とされなければならない。そうした街こそが，居住地としても商業地としても再び多くの人々に支持され，リバブル・シティとして高く評価

されることが可能となる。

（山下博樹）

〔注〕
1) 一般的には「Livable」が用いられることが多いが，本プロジェクトでは「Liveable」が用いられていた．
2) 2006年11月のノリッジ市役所での聞き取り調査による．
3) 中心市街地の日中の時間貸し駐車場は，一律1時間1.1ポンド（約188円，2014年2月現在1ポンドは約171円）で，仮に就業者が9時間駐車すると約1,693円となる．他方，P&R駐車場は1日3.3ポンド（約564円），午後のみなら1.6ポンドで，いずれの場合も大人5人をふくむ最大8人分の中心市街地までの送迎バス運賃をふくんでいる．P&R駐車場は年間チケットもあり，515ポンド（約8万8千円）で1日チケットの半額となっている．
4) クローン・シティとは，画一的な店舗ファザードや商品構成により，どこの街に行っても同じ景観を呈していることに対する反発や嫌悪に基づく，そうした全国チェーンの店舗群に席巻された都市を指す．都市のクローン化により，街の雰囲気が損なわれるだけでなく，消費者にとっても市場独占の弊害が大きくなるなどの問題が背景にある（矢作2005）．
5) 2013年2月に島根県松江市にコーヒー・チェーンのスターバックスがオープンした．これにより鳥取県は，全国で唯一コーヒー・チェーンのスターバックスが立地していない県となり，しばしばマスコミに取り上げられた．このことは一般的な市民なら誰もがこうしたチェーン店を受け入れる素地があることを前提としており，流行に流されやすい国民性の一面とも言えよう．その後，2015年5月に鳥取市にもオープンし，全県に立地を果たした．
6) 英国の小売商業政策の詳細については，伊東（2011）を参照されたい．

〔参考文献〕
伊東　理（2011）『イギリスの小売商業　政策・開発・都市－地理学からのアプローチ－』関西大学出版部，360p.
矢作　弘（2005）『大型店とまちづくり－規制進むアメリカ，模索する日本－』岩波書店，211p.
山下博樹・堤　純・伊藤　悟（2006）「イギリス・ノリッジ市におけるリバブル・シティへの取り組み」日本地理学会発表要旨集71，p.63.
山下博樹（2007）「バンクーバー都市圏における郊外タウンセンターの開発－リバブルな市街地再整備の成果として－」立命館地理学19，pp.27-42.
山下博樹（2008）「都市空間の再構築－住みよい街をつくる－」，藤井　正・小野達也・家中　茂・光多長温編『地域政策入門』ミネルヴァ書房，pp.172-190.
山下博樹・伊藤　悟（2009）「グルノーブル都市圏における公共交通ネットワークの整備と中心地の土地利用」日本地理学会発表要旨集75，p.127.
Yamashita H., Fujii T., Itoh S., (2006) The development of diverse suburban activity centres in Melbourne, Australia. *Applied GIS* 2(2): 9.1–9.26. DOI:10.2104/ag060009　http://publications.epress.monash.edu/toc/ag/2006/2/2

コンパクトなまちづくりと公共交通政策

第8章
民官学連携による公共交通支援策への活用

1. はじめに

　コンパクトなまちづくりには生活のため必要な施設やサービスを徒歩圏内に立地することが求められるが，通勤範囲の拡大，多様な消費行動や娯楽活動に伴って生活圏は拡大している。自動車交通が発達し，都市内を自由に移動できるようになると拡散型の都市構造となり，都市全体としての環境負荷が高くなる。そこで，公共交通の利便性を高めることによって，環境負荷の低い集約的な都市構造を目指す都市経営が注目されている。

　高岡市では公共交通を市民サービスの一環として運営支援を行い，市民や事業者と連携して万葉線の利用を促進するための施策が実施されている。事業者から万葉線の廃止が表明され，今後も運賃収入よりも維持費用のほうが多いと試算されるなか，それ以上に存続させる社会的な意義が大きいとして，日本で初めて路面電車の第三セクター化が実施された。市民団体は行政・事業者・住民間の調整役となり，住民とともに公共交通を利用促進するためのサポーター的な役割を担っている。これらの各主体が協議する場が設けられ，役割を変えながら公共交通を維持する取り組みが行われた。

　さらに，富山市ではコンパクトシティを理念として，ライトレールの導入など公共交通の沿線に都市機能を誘導する施策が実施された。そこでは，行政主導による土地利用政策と連携した公共交通整備が実施され，将来ビジョンの提示と交通・都市計画の立案および支援策の実施が地方自治体の役割となる。一

方，生活に必要な最低限度の公共交通を整備するのは国の役割となる。その法制度的な指針として，2007年10月に公共交通活性化再生法（地域公共交通の活性化及び再生に関する法律）が施行され，2013年11月には交通政策基本法が制定された。地方自治体，事業者，市民団体・住民，大学等が地域協議会により公共交通の再生計画と地域との連携計画を策定することで，国の支援が受けられる制度とその理念が示されている。ここでは，万葉線の利用促進活動と富山市のコンパクトシティ戦略をとおして，公共交通の維持・再生のしくみについて述べる。

2. 市民が支える万葉線

(1) 存続問題の背景

　富山県西部の中心都市である高岡と富山湾の港町である新湊（現射水市）を結ぶ万葉線は「市民が支える路面電車」と呼ばれている。私企業である加越能鉄道が運行していたが，国から欠損補助が受けられなくなることを受けて，1997年に廃止が表明された。誰も乗らない公共交通は不必要という評価を受けて各地で鉄道が廃止されてきたが，万葉線は市民と行政が連携した存続活動によって，第三セクター化された。

　「万葉線」は愛称で，1980年に沿線の自治体，加越能鉄道，両商工会議所，両自治会が協力して「万葉線対策協議会」が発足した際に，万葉集の編者である大伴家持ゆかりの地にちなみ，公募で決定された。沿線の観光マップの作成など利用者の増加策について協議されたが，モータリゼーションの進展とともに，1972年に年間473万人であった利用者が1993年には3分の1以下の145万人にまで減少した。愛好支援団体として「万葉線を愛する会」が1993年10月に設立され，高岡市，新湊市が事務局となり，地元企業，両市の商工会議所や老人クラブが法人会員となって，個人会員も募集された。会費の一部を万葉線の回数券として配布し，ネコの絵が描かれた通称「ネコ電」の運行など万葉線を盛り上げるためのイベントが実施された。

　通勤者はマイカーへ転換し，通学者は少子化で減少が続き，国の補助打ち切

りを機に加越能鉄道は鉄道事業の撤退，バス転換を表明するに至った。この頃，日本でも次世代型路面電車システム（LRT：Light Rail Transit）が注目されはじめ，公共交通を軸にまちづくりを進めるため高岡市職員や，商店街の店主らが中心となって，「RACDA 高岡」（正式名称：路面電車と都市の未来を考える会・高岡）が 1998 年 4 月に発足された。

（2）行政と市民が連携した存続活動

RACDA 高岡では月に二度の定例会で万葉線を活用するための制度やまちづくりについての勉強会が続けられ，会独自の「万葉線再生計画」が作成された。廃止反対を前面に出した運動ではなく，万葉線を活用して高岡のまちを良くすることが会の活動目的とされ，「ラクダキャラバン」として市民に提示して広める方法がとられた点が注目される。会員が自治会や学校，他の団体などに出向いて，公共交通の役割，万葉線の活用とまちづくりについて発表し，住民が普段感じている公共交通についての不満や要望について意見が交わされ，住民との交流が重視された。

次に万葉線に乗るイベントが企画され，楽しみながら万葉線の活用を考える契機とされた。新湊のすしなどを食べにいく「グルメツアー」（写真 1）はお酒を飲むなら車ではなく万葉線をという意識付けが行われ，「スケッチ電車」（写真 2）は小学生と一緒に万葉線で絵を描きに行き，親の車に乗って出かけるのが習慣となっている子供たちに公共交通に乗ってもらう機会が設けられた。「軽快都市宣言」は高岡の中心商店街が獅子舞演舞会で歩行者天国になる 5 月 3 日

写真 1　グルメツアー　　　　　　　　　写真 2　スケッチ電車

に，電車を留置して路上カフェやミニアトラクションなどが実施され，まちなかを楽しめる場にする企画である．

3年間で約30回のキャラバンと万葉線を活用する企画が行われ，住民との交流を通じて，地縁組織と連携した活動につながることとなった．自治会では署名活動が展開され，玄関先に「万葉線を残そう」ポスターを掲示するといった行政だけでは引き出すことのできない潜在的な市民の声が形となって顕在化していったのである．こうした市民活動を受けて，存続について議論していた「万葉線問題懇話会」では「社会的便益を考慮し，万葉線を高岡と新湊をつなぐ象徴として運営に市民が参加して残すべき」という提言が出され，両市議会で存続が決議されて，万葉線は市民参加型第三セクターとして存続するに至ったのである．

市民参加の意志表示として約1億円もの募金が両市に寄せられ，加越能鉄道最後の年に99万人まで減っていた利用者が，2002年に第三セクターの万葉線（株）となって以来，低床車両アイトラムの導入が市民の路面電車に対する意識を変革し，5年連続で利用者が増加して2006年には115万人にまで増加した（図1）．存続後も，市民の間でマイレール意識が醸成され，イベントの実施，

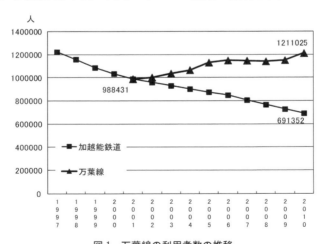

図1　万葉線の利用者数の推移
加越能鉄道は2001年まで実測値，以降はトレンド

自治会・学校等での万葉線を利用した行事などが続けられ，サポーターとしての役割を果たしている。事業者も割引率の高い年間通学定期や自転車無料貸出し，通勤向けには誰でも使用でき土休日には家族も割引となる通勤定期券の発売，終電の延長，商店街の中心に電停を新設するなどのサービス改善が行われてきた。また，ビール電車やスイーツ電車の運行，電車まつりの実施など，様々な工夫を続けることによって利用者が増え続け，2010年には120万人を突破している。2012年には高岡市出身の漫画家にちなみ「ドラえもん電車」が運行されたこともあり，外国からの観光客も増加している。こうした一連の動きは，市民参加が具現化されたもので，市民が自ら勉強して問題に取り組み，募金あるいは労力やアイデアの提供といった活動を通して自ら参加することの積み重ねといえる。行政と市民の連携による万葉線の存続・利用促進活動は公共交通活性化に向けたモデルとされ，各地で鉄道再生のための参考とされている。

3. 富山市における公共交通を軸としたコンパクトなまちづくり

富山市のコンパクトなまちづくりの戦略は①公共交通の利便性向上，②賑わい拠点の創出（中心市街地活性化），③まちなか居住の推進という3本柱からなる政策であり，個別の施策ではなく一体的に進めることで都市の魅力を高めることがねらいとなっている。

(1) 富山ライトレールの導入と公共交通活性化策

富山市は平成の大合併によって富山湾から北アルプスまでの広大な市域（面積1,241.85 km²）を有し，人口は約42.2万人（2010年国勢調査）の地方中心都市である。市街地は富山平野に広がり，全国の県庁所在地で一番DID人口密度が低い（2010年国勢調査，4,018.2人/km²）。道路も整備され，1世帯あたりの自動車保有率も1.716台（2010年3月末，（財）自動車検査登録情報協会）と非常に高い。1戸あたりの住宅面積が広く，持家率，共働き率，三世帯同居率などがいずれも高い割合を示し，豊かな生活を裏付けているが，自動車に依存した生活で市街地の拡散化を助長しているともいえる。さらに市街地が拡散し高齢化が進むと，税収を支える生産年齢人口が減少する一方，広範囲に広が

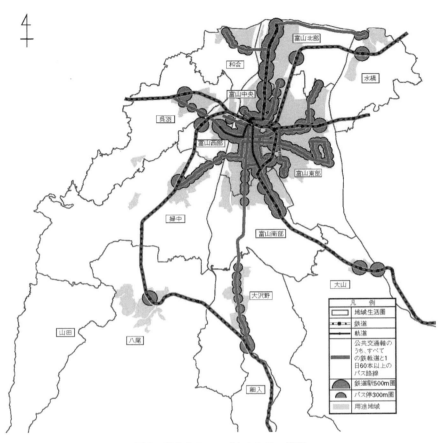

図2 富山市のコンパクトシティ構想
富山市都市マスタープランより

る都市施設を維持できない懸念があったところ，都市政策の転換契機となったのが富山ライトレールの整備計画であった。

　北陸新幹線の開業に向けて富山駅を高架化する際，利用者数が少ないJR富山港線の処遇が問題となった。JRとしては高架化する費用は出せず，廃止・バス代替も視野にいれた案も提示されるなか，2003年5月に一部軌道化によるライトレール化が富山市長より表明された。その後設置された「富山港線路

面電車化検討委員会」によると，費用対効果の試算ではバス代替を 0 とした場合，ライトレール化によって社会的便益は 224 億円とされ，事業の意義を全市民に説明した結果，約 8 割の賛同を得ることができた。その際示されたビジョンが「串とお団子によるコンパクトなまちづくり」であった。「お団子」は徒歩生活圏を意味し，日々生活するために必要な機能を備える地域拠点で，高価な買物や娯楽，高度な医療サービスなどは富山の中心市街地が担うこととなる。それらを利便性の高い公共交通である「串」で結ぶことによって，市民生活を満足させると同時に都市全体の拡散を抑えるという構想である。富山ライトレールはその先導的な事業として位置づけられ，沿線と中心市街地だけに投資するのではなく，その後，他の地域にも波及させていくことが明示された。

富山ライトレール（株）は市，商工会議所，地元企業の出資による第三セクターとして設立された。整備費用は約 58 億円で，公設民営の考え方をとり，富山市が費用を負担し，富山ライトレールは運行にかかる費用（人件費，燃料費等）のみを負担して運賃収入でまかなう仕組みである。当時，路面電車の上下分離が認められておらず，線路・車両等の施設は富山市が保有せず，富山ライトレールに無償譲渡された。整備費についても，連続立体交差事業費，富山市街路事業費，LRT システム整備費補助等の国の助成制度を活用することで，市の財政負担が抑えられている。

富山ライトレール（写真 3）は 2006 年 4 月に開業し，これまで 1 時間に 1 本程度であった JR 富山港線が，低床電車（愛称はポートラム）が 15 分に 1

写真 3　富山ライトレール

写真 4　グランドプラザとセントラム

本まちなかを颯爽と走るライトレールに生まれ変わった。これにより，沿線住民の利便性が高まり，2011年度の利用者は平日約2.1倍，休日約3.6倍に増加した（2005年度比）。日中の高齢者の外出が増加することで健康増進への寄与が期待される。自動車利用者の約11.5%が公共交通に転換し，バスからの転換13.3%と合わせると，年間436tのCO$_2$排出量（2006年）が削減されたことになる。

(2) グランドプラザ整備による中心市街地活性化策

　富山市のコンパクトシティ戦略は公共交通を軸として，駅周辺の生活圏に住宅や商業施設，病院などの施設を誘導しようとする政策である。ここで，日常的な買物以外にブランド品や大型家電，家具などを購入する百貨店などは生活圏ごとに立地を誘導することが困難である。大型店舗が郊外に立地すると車で行くことが前提となり，環境負荷の高い拡散型の都市となる。そこで，富山市では中心市街地の再開発を機に，百貨店に隣接してグランドプラザ（写真4）という全天候型の広場が整備された。区画整理時に区画内の道路を集めてスペースを確保のうえ，百貨店（総曲輪フェリオ）と駐車場（グランドパーキング）の間に広場が整備され，その上をガラス屋根で覆った構造となっている。道路上ではイベント等の開催に制約があるため，道路指定がはずされ，有料だが自由にイベントを開催することのできる空間となった。整備後にはほぼ毎週末に積み木広場やぬいぐるみ広場などの子供向けイベント，車の展示販売，演劇や演奏会などのイベントが開催され，冬にはスケートリンクとなるなど，中心市街地のにぎわいが創出されている。運営はまちづくりとやま（株）が担当し，行政では柔軟に対応できない主催者側との調整や学生や市民団体との共同イベントなどが実現されている。

　また，屋台村（賑わい横丁），交流サロン（樹の子），寄席会場（てるてる亭とほくほく通り），シネマ上演会場（賑わい交流館），野菜などの地場産品売り場（地場もん屋）などが中心市街地活性化計画に基づいた事業として運営され，民間投資でまちなかに美術館（ギャリルミレー）が整備されるなど，中心商店街に集客施設が整備された。百貨店が移転した跡地には図書館とガラス工芸館が整備中である。学生が勉強会やイベント実施の打合せに使用できるように空

き店舗を活用したまちなかラボ（MAG.Net）が開設され，学生が中心市街地で活動できる拠点が提供された。学生の企画を持ち寄り，複数の大学間，地元商店主との連携に事業費が支援されるなど，まちづくりへの参加意識を高める企画も実施されている。施設の整備だけでなく，「街なか感謝デー開催事業」，「総曲輪オフィシャルガイドブック作成事業」，「IC カード活用による商業等活性化事業」，「アーバンアテンダント事業」などのソフト面での施策も中心市街地活性化事業の中に位置づけられている。

(3) 路面電車環状化とまちなかの回遊性向上

中心市街地に都市機能を集中させたうえで，富山駅，市役所や県庁などの官庁街，グランドプラザのある中心商店街を回遊するための公共交通機関として，路面電車の環状線が 2009 年 12 月に整備された。整備前は富山地方鉄道市内線の南側がつながっていなかったのを，0.9km の軌道を新設して環状化（約 3.4km）したものである。公共交通活性化再生法により上下分離方式による軌道整備が可能となり，線路，途中に設けられた 3 つの電停，車両 3 両（愛称はセントラム：写真4）は富山市が整備・保有し，運行事業者の富山地方鉄道が線路使用料を支払って運行する上下分離方式がとられている。これにより，民間事業者には適用されない LRT 総合整備事業などの国の補助制度を活用することができ，民間企業に対する補助ではないため市民の理解が得やすく，景気や企業の事情によらない長期的に安定した運行を保障することができる。運行事業者にとっても固定資産税や減価償却費の増大を抑えることができる。課題としては，運行に関する契約，取引などの調整が必要となり，専門家や地元組織なども含めた協議会を設け，各種調整や利用促進策などが実施されるしくみを設けるなどの対策が必要になってくる。

環状線に新設された電停 3 ヶ所は富山城址公園，国際会議場，グランドプラザや中心商店街の最寄駅となっており，利用者数は平日で 1,959 人／日，休日には 2,805 人／日の増加となる（2011 年 3 月末までの 1 日平均乗降客数）。

富山市が 2010 年と 2011 年に実施したアンケートによると，買物や飲食の外出機会が増え，交通手段別では休日の来街頻度や滞在時間，さらには平均消費金額でも，車よりも環状線のほうが多いという結果となった。公共交通で来街

した人は駐車料金を気にせずにゆったりと滞在できる利点が示され，まちのにぎわいに貢献しているといえる。

　さらに，コミュニティサイクルが整備され，中心市街地に 15 ヶ所のステーションが設けられ，自転車 150 台が用意されている。月額 700 円で会員になれば最初の 30 分間は無料で利用することができ，中心市街地を自転車で自由に移動することができる。短時間利用を促すことで，駅や店舗周辺の違法駐輪の削減効果も期待されている。整備は運営会社がステーションや繁華街等に広告を出すかわりに，清掃，自転車の偏りの調整，顧客サービスを担うため，市は権利を与えるだけで費用負担はない。

　コミュニティバス（まいどはやバス）は運賃 100 円で 2 路線が約 20 〜 25 分間隔で運行され，市民や観光客の利便性向上も図られている。富山市では合併に伴って市域が拡大し，バスで中心市街地にでかけるにはバスで片道 1000 円を超える地域も多くなった。そこで，市が運行事業者に利用分に応じて助成することで片道 100 円にする「おでかけ定期券」が発行されている。おでかけ定期券は 65 歳以上の人が 1,000 円で購入でき，利用は 9 時〜 17 時までとして，中心市街地来街の際の料金格差をなくしている。市内の高齢者の約 3 割が購入し（2011 年度），高齢者の外出機会創出と中心市街地への来街者増加に寄与している。

　中心市街地では路面電車，バス，自転車の利便性が向上することで，車を使わずに移動できる選択肢が増え，徒歩での移動も不便がなくなり，歩行者数は 2006 年の 8,421 人から 2011 年の 13,155 人へと 56.2% 増加した（総曲輪通り休日の 2 地点合計，2006 年 8 月 20 日と 2011 年 4 回計測の平均値との比較）。また，空き店舗も 2009 年 4 月の 20.9% から 2011 年 12 月の 18.6% へと 2.3% 減少した。回遊性の向上と中心市街地の施設整備とイベント実施による魅力向上の相乗効果とみられる。

(4) 高山線の増発実験と公共交通軸の整備

　市域各方面に向かう鉄道やバスは中心市街地と生活拠点を結ぶ都市の交通軸として位置付けられ，高山線や上滝線の増発実験，新駅や P&R 駐車場の整備，バス停に上屋やベンチの整備など，利便性の向上が進められている。

JR 高山線の増発実験は 2006 年 10 月から実施され，富山～八尾間は 1 時間に 1 本程度の 34 便であったものを 30 分に 1 本程度の 59 便（1.74 倍）にまで増発された。JR は民間企業でサービス水準については富山市で決定できないため，増発分の列車運行費用を自治体が負担することでサービス向上を実現させる新しいしくみといえる。EU 諸国では鉄道の上下分離とオープンアクセスが義務付けられ，別の会社や自治体が都市間列車や都市内列車を運行可能であるが，日本での事例は相互乗り入れの場合に限られている。利用者は 2005 年度の 1 日平均 2,440 人から 2010 年度の 2,770 人へと 13.5% 増加し，増便以外にも P&R 駐車場や新しく臨時駅（婦中鵜坂駅）を設置，駅にアクセスするためのフィーダーバスの運行なども同時に実施された。社会実験終了後も公共交通活性化事業として朝夕の増便は継続され，婦中鵜坂駅も常設駅となった。今後，地方鉄道を活性化させるためのオープンアクセスについては，国の法制度整備や財源の拡充が必要である。

　その後，富山市では 2011 年度から富山地方鉄道の協力を得て，不二越・上滝線のライトレール化を視野に入れた新たな増発実験が実施中である。電鉄富山～岩峅寺間で平日 7 便，休日 1 便が増発され，電鉄富山駅発の終電が 22 時 42 分から 23 時 10 分へと延長された。P&R 駐車場も 3 駅で整備されたところ，2011 年度には利用者が 3.1% 増加した（2010 年度比）。

(5) まちなか居住の推進

　公共交通を整備し，中心市街地に都市機能を集中させ，もうひとつの政策の柱となるのが，まちなか居住の推進である。中心市街地の人口密度を適切に保つことで，都市施設の維持管理費用を抑えることができる。富山市の試算では 2005 年では都市施設の維持管理費用が 1 人あたり 2,500 円であるが，低密度化が進行すると，2025 年には 2,800 円になり，189 億円増加すると見込まれている。中心市街地に住むことを強要できないため，中心市街地(都心地区)あるいは駅・バス停周辺（公共交通沿線居住推進地区：鉄道・軌道 6 路線の駅・電停から半径 500m，1 日 60 本以上の幹線バス 13 路線のバス停から半径 300m の範囲で居住系用途地区に指定されている地域）で良質な住宅を建設する事業者や，住宅の購入・賃貸で入居する市民に助成することで，立地誘導が図られている。

建設事業者に対しては，共同住宅，優良賃貸住宅の建設費や，業務・商業ビルから共同住宅への改修費が助成される。市民向けには戸建て住宅または共同住宅の購入費等の借入金に対する助成，転居による家賃助成が受けられる。2012年3月までに都心地区で492件計969戸の助成（2005年7月から），公共交通沿線居住推進地区で280件計651戸の助成（2007年10月から）があった。

　富山市のまちなか居住の推進によって民間投資も進み，都心地区でマンションや老人ホーム・デイケア施設の建設が進められている。再開発地区にもマンションが整備され，低層階が店舗とオフィスとなっており，特に福祉・医療施設の開設に改修費が助成される。民間で建設されていた共同住宅も借り上げ住宅とすることで，郊外における市営団地の造成の代替となっている。また，廃校になった小学校跡地に温泉水を活用した介護予防施設が整備され，高齢者が安心して暮らせる環境が整えられている。

　都心及び公共交通沿線での居住推進によって，都心地区では2007年度から2012年度の5年間で平均81人の社会増となり，公共交通沿線居住推進地区では2005年度には718人の転出超過であったものが年々減少し，2011年度には42人の転入超過に転じるまでになった。

　郊外では広大な駐車場と大規模店舗で大量消費というライフスタイルに対して，まちなかでは公共交通でゆったりと買物や飲食，娯楽を楽しむというライフスタイルを提示することで豊かな生活と中心市街地の活性化を両立させるねらいがある。比較的地価の高いところで多くの市民に居住されれば税収も増加する。2012年度当初予算の税収のうち，都市計画税と固定資産税の合計が約45.8%を占め，面積比で0.4%の中心市街地が22.3%を占めている。ある程度経済効果の高い中心市街地で優遇措置を設け，重点的に投資することで得られる税収をもとに，他の地区での生活水準を向上させるというしくみが富山市のコンパクトなまちづくりを目指す戦略の根幹といえる。

4. 公共交通支援策への活用

　公共交通は民間経営にゆだねられ，地方自治体が運営していても独立採算制

が原則とされている。しかしながら，人々の移動は日常生活に欠かせないものであり，公共交通は都市や地域における必要な装置として機能し，まちづくりの軸として位置付けられるものである。

　万葉線は市民参加によって存続に至り，高岡・射水両市では市民サービスの一環として税金によって運営支援が行われている。市民の間でもマイレール意識が醸成され，万葉線を利用した行事などが続けられ，サポーターとしての役割を果たしている。事業者も様々な工夫を続けることによって利用者が増え続けている。すなわち，行政，事業者，市民団体，自治会や学校，周辺企業などが役割を変えながら公共交通をサポートするしくみが構築されているといえる。そのうえで，異なる立場の組織が連携して協議会を設け，国や自治体がインフラ整備費用や運営安定基金を支援することで，道路や公共施設と同様に，公共交通を維持するしくみが必要となってくる。

　富山市では公共交通を維持するだけでなく，都市全体の持続的な発展を視野に入れ，公共交通を軸としたコンパクトなまちづくりが戦略的かつ組織横断的に展開されている。土地利用政策・中心市街地活性化策と連携した公共交通整備が先導的に実施され，都市基盤整備費用と環境負荷の軽減，まちのにぎわい創出が図られている。様々な国の支援制度を活用することで，都市基盤整備，公共交通整備，商業活性化，環境保全，福祉・医療の充実など多面的な効果が期待されている。

　コンパクトなまちづくりは人々が集まって住み，都市施設が集中しているだけでなく，交流が盛んでお互いに連携し合い，生活やまちづくりを支えていくことが重要である。公共交通の活性化のみならず，都市や地域の活性化のためには，市民や大学，企業のサポーター的な役割，事業者の積極的な改善策の実施，地方自治体の計画的なビジョンと戦略的な政策実施，国の総合的な支援が必要となってくる。

（松原光也）

※本章において，特に注記がない箇所については，万葉線（株），加越能鉄道（株），富山ライトレール（株），富山地方鉄道（株），高岡市，富山市，射水市，路面電車と都市の未来を考える会・高岡の各資料を参考とした。

第9章
中心市街地活性化に資する公共交通政策

　地方都市では郊外化により中心市街地の衰退が進んできた。中心市街地を再活性化するためには，市街地を集約したコンパクトなまちづくりが求められる。本章では群馬県高崎市を事例に，交通政策による中心市街地活性化方策を検証しつつ，コンパクトなまちづくりを展望する。

1. 中心市街地循環バスの整備による利便性向上

　中心市街地活性化をめざして人々の回遊性を向上させ，にぎわいを創出するためには，誰もが安価かつ手軽に利用できる交通手段の整備が不可欠となる。そのため高崎市は交通結節点の高崎駅西口を起点に中心市街地を循環する市営の乗合バス「ぐるりん」都心循環線（図1）を運行している。
　「ぐるりん」都心循環線は高崎駅西口を起終点とし，大型店舗のスズラン・高島屋・モントレー，中心商店街，公共施設の高崎市役所・中央図書館・総合保健センター・群馬音楽センター，医療施設の高崎総合医療センター等を結ぶ。1循環の所要時間は31分，20分に1本の頻度で運行する。運行時間帯は平日で始発7：40，最終18：00の1日32便（休日は1日28便），運賃は100円均一である。地方都市の公共交通としてはかなりのサービス水準といえよう。この都心循環線は路線バス網の再編・効率化とあわせて中心市街地の活性化，公共施設へのアクセス手段確保等を目的に，2010年8月に運行開始，2012年7月に路線変更を行い現在に至っている。
　中心市街地での高頻度かつ低料金で便利な移動手段を確保することにより中心市街地活性化を目指した都心循環線であるが，その利用状況は必ずしも良好

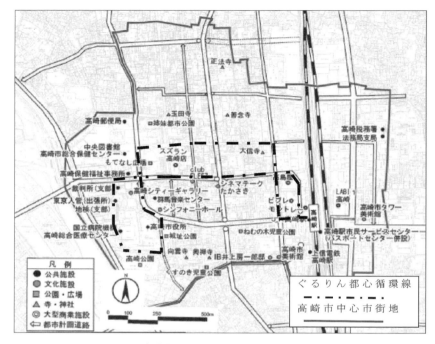

図1 高崎市中心市街地とぐるりん都心循環線
(資料:高崎市中心市街地活性化基本計画から筆者作成)

表1 ぐるりん都心循環線乗客数 (資料:高崎市地域交通課)

	2010年度 8月～3月	2011年度	2012年度	2013年度
乗客数 (人)	14,711	38,636	49,017	53,233
1便あたり乗客数 (人/便)	2.23	3.45	4.39	4.80

とはいえない。しかし,利用者数は運行開始から増加傾向にあり,認知度を高めつつ中心市街地の移動手段として定着し,活性化への一定の効果を担っている(表1)。

都心循環線の停留所ごとの利用状況は,起終点の高崎駅西口での利用者が最大である(表2)。他に利用者の多い停留所は医療施設,公共施設,大型店舗の近くの停留所となる。ぐるりん都心循環線が交通結節点である高崎駅から,

表2 ぐるりん都心循環線 停留所ごとの乗降者数（人／週）（資料：高崎市地域交通課）

停留所名	属性	2010年			2011年			2012年			2013年		
		乗	降	計	乗	降	計	乗	降	計	乗	降	計
高崎駅西口(発)	交通拠点	281	0	281	370	0	370	524	0	524	494	0	494
モントレー・ビブレ前	大型店	-	-	-	-	-	-	51	0	51	110	0	110
高島屋北入口	大型店	-	-	-	-	-	-	42	4	46	36	0	36
慈光通り	商店街	-	-	-	-	-	-	7	4	11	0	3	3
大手前連雀町	商店街	-	-	-	-	-	-	6	1	7	3	10	13
スズラン前	大型店	-	-	-	-	-	-	47	148	195	25	160	185
音楽センター前	公共施設	-	-	-	-	-	-	10	79	89	1	74	75
八島町		1	1	2	8	0	8	廃止		0	廃止		0
あら町交差点		5	8	13	7	11	18			0			0
市役所	公共施設	52	57	109	58	62	120	97	91	188	68	65	133
高崎公園前		3	1	4	4	10	14	20	16	36	4	12	16
高崎総合医療センター	医療施設	92	138	230	179	176	355	180	195	375	173	189	362
もてなし広場前		16	36	52	14	14	28	6	8	14	8	12	20
総合保健センター・中央図書館	公共施設	-	-	-	57	0	57	100	45	145	107	78	185
NTT前		-	-	-	-	-	-	43	33	76	37	26	63
東京電力・スズラン入口	商店街	81	46	127	99	54	153	53	28	81	41	14	55
本店タカハシ前	商店街	-	-	-	-	-	-	35	26	61	36	13	49
白銀町	商店街	-	-	-	-	-	-	3	4	7	4	7	11
通町	商店街	2	3	5	0	5	5	0	6	6	1	6	7
旭町		1	5	6	0	6	6	0	14	14	0	7	7
高島屋前	大型店	0	21	21	2	28	30	0	40	40	3	73	76
高崎ビブレ前	大型店	0	3	3	0	10	10	1	19	20	0	20	20
高崎駅西口(着)	交通拠点	0	215	215	0	352	352	0	464	464	0	382	382

求心力・集客力の強い拠点施設への移動手段として利用されていることがわかる。他方で顧客求心力の強い施設を持たない停留所の利用は少ない。このことは，現状における中心市街地内の人の移動が，主要な拠点から拠点への移動，点と点を結ぶ活動にとどまっていることを示している。

2. 中心市街地における拠点整備

　顧客吸引力のある大型商業施設や公共施設を中心市街地へ集中的に整備し，活性化につなげる施策は主要な中心市街地活性化手段となる。高崎市でも従前の中心市街地に比べ高崎駅を中心にしたよりコンパクトなエリアに様々な施設を集中的に整備してきている。
　2008年には高崎駅東口に大手家電量販店のヤマダ電機本社が前橋市から新築移転立地し，この本社には旗艦店舗も併設された。2009年には旧国立高崎病院が地域医療の中核を担う高崎総合医療センターとして改築・増強されてい

る。また，2010年に高崎駅西口の駅ビル改装及び東口駅ナカ商業施設が新規開店し，2011年には高崎駅西側に新たに高崎総合保健センター・中央図書館が整備された。さらに，現在高崎駅西口の駅ビルと高島屋百貨店の間にあったビブレを改築する形でイオンが都心型ショッピングモールを建設中である。この様に地方都市としてはまれといえるほど，多くの大型の商業施設や公共施設が駅周辺地域へ近年集中的に整備されてきている。

3. 中心市街地における施設・交通整備の効果

コンパクトなエリアにおける移動手段の整備や拠点整備が高崎市中心市街地の活性化にいかなる効果をもたらしているか，検証してみる。第2期高崎市中心市街地活性化基本計画によれば，にぎわいの目安となる歩行者・自転車通行量は，高崎駅東西コンコース（自由通路）他，高崎駅近辺の地点で増加している。しかし，それ以外の地点では2012年現在，2008年比で減少しており，高崎駅および駅周辺はにぎわっているものの中心市街地全体の活性化に至っていないことがわかる（図2）。

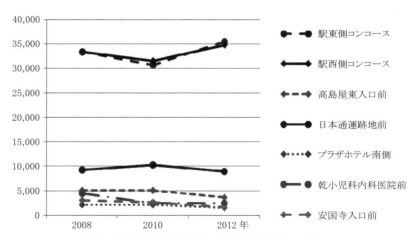

図2　中心市街地の歩行者・自転車通行量（人／日）
（資料：高崎市中心市街地歩行者通行量調査）

表3　高崎市中心市街地の状況推移
(資料：高崎市中心市街地活性化基本計画)

	2007年	2009年	2012年
旧市地区人口（人）	25,046	25,298	25,816
中心市街地卸売・小売店舗数（店）	886	934	864
上記店舗従業者数（人）	5,644	8,783	7,688
中心市街地空き店舗数（店）	94	55	39

　また，中心市街地の卸売・小売店舗数と従業員数は，ヤマダ電機本社の移転立地など拠点整備による増加があったものの，その後は減少している（表3）。一方で空き店舗数の減少，市中心部の居住人口の増加が見られ，高層マンションやビジネスホテルの増加等様々な取り組みにより一定の効果はでているといえる。しかし，目標とする中心市街地全体の活性化は実現していない。

4. 拠点整備から面的整備と回遊へ

　これまでの高崎市の中心市街地における拠点整備は，駅周辺を中心に様々行われてきた。その結果，中心市街地内の拠点は人々を吸引し賑わいをつくる。しかし，中心市街地内にあっても拠点整備のない地区では，人のにぎわいや活動の向上が認められない。すなわち拠点整備によるまち全体への波及効果が十分でないといえる。また中心市街地内での交通手段の整備も，その効果は主要施設間の人の移動に偏り，まち全体のにぎわいに結びついていない現状が明らかになった。
　駅ナカなど人気があり多くの人々が利用する拠点整備も必要であるが，その施設だけに人が集まり，周辺地区への波及効果に乏しい施設では中心市街地内の一極集中をもたらし，中心市街地全体の活性化には必ずしも結びつかない。一方で中心市街地内の回遊性を促進するために小回りのきく利便性の高い循環バスを整備しても，人々の移動目的と合わなければ利用されない。交通手段・拠点整備と平行して，中心市街地内に人々の目的地になり得る様々な機能や魅

力を備えた個店・場を増やし，点から面的な整備・活性化を図り，中心市街地全体を活性化する必要がある。

　小規模な店舗では集客力向上を図ろうにも，経営体力やノウハウなどで大型店舗と明確な差がある。そのため，小規模店舗は価格や品揃え等ではなく，大型店舗には出せない個性や魅力を創出して集客力向上を図る必要がある。とはいえ小規模店舗での取り組みには限界があり，商店街や行政，商工会議所などの支援による共同ＰＲ・事業が求められる。たとえば，飲食店では小規模な店舗でもインターネットやローカル雑誌等で情報発信が活発化しており，実力次第で知名度向上や集客は可能である。積極的なＰＲやイベント等で注目を得た顧客を，小規模店舗ならではのきめ細やかなサービスや接客で固定客化することが必要となろう。

5．無料貸出自転車による中心市街地内移動支援政策

　集客力向上には小規模店舗をはじめとする各店舗の魅力を高めることが最重要課題である。しかし，中心市街地を面的に活性化するには，同時に回遊性を高めるためのきめ細やかな移動手段整備が必要となる。そのための集客力向上支援政策として，手軽で小回りのきく自転車の活用が考えられる。

　高崎市中心市街地では回遊性向上とにぎわい創出政策として，商工会議所と市当局が中心となり，無料貸出自転車「高チャリ」を運営している。「高チャリ」は，100円硬貨を自転車ポートのキーボックスに入れるだけで，いつでも・簡単に・誰でも・直ぐに自転車を借用できる。また利用後，自転車をポートに戻すことで100円が返却され，身分証明書の提示や会員登録などの手続きは不要なシステムである。

　「高チャリ」は2013年4月に貸し出し自転車100台で正式に開始され，2014年2月現在150台で運用している。また，自転車ポートは高崎駅西口や市役所前，スズラン百貨店前や高島屋百貨店前など中心市街地の主要地点の15箇所（事業開始時は12カ所）である。

6. 無料貸出自転車の現況と改善策

「高チャリ」は施策開始からまだ短期間のため，政策評価・実施効果をいうには時期尚早である。しかし，自家用車での移動と異なり自転車は低速であるため，中心市街地内を広く回遊しつつ店舗をはじめ諸施設を認知しやすい。そのため，面的な中心市街地活性化への効果が期待されている。

高チャリは前述のように簡便で利用しやすい仕組みにしたため，誰でも気軽に利用でき，これまでの利用者の評判は良い。また，他の自治体などからの照会も多いという。しかし反面，管理の緩さ故に，ごく一部の心無い人たちによる自転車の不当な長期占有，私物化など，本来の施策目的から外れたような利用形態もみられる。

長期不法占有によって「高チャリを使いたいのに自転車がない」という状態が続いたため，50台を増車している。その結果，2014年2月現在，ポートに自転車が恒常的に待機する状況にある。しかし，時間がたてば再び自転車がなくなる可能性は高く，根本的な解決にはなっていない。こうした中，長期占有者が自宅に高チャリを停めている，遠方や市外で高チャリを目撃した等の情報もある。

本事業の実施目的は「自転車の無料貸し出しによる高崎駅西口の中心市街地の回遊性向上とにぎわいの創出」である。一部の人々に無料で自転車を長期貸与することが事業目的ではない。利用範囲，利用時間の厳格化と周知徹底を行うとともに，不正利用に対する通報システムを構築し，不正利用者には厳しい措置を施すなど制度の改善が課題となっている。これらの措置は簡便な貸し出し手続きとなんら矛盾するものではない。必要なときに必要な人が使え，中心市街地活性化につなげるための適正な事業管理措置と考える。

7. 中心市街地での自家用車対策

群馬県は免許保有率や1世帯あたりの自家用車保有台数などから，全国屈指

の自動車化社会である。それに反比例して公共交通の衰退が進み，人々の移動手段は自家用車に過度に依存している。過度な自動車依存社会の弊害は多いものの，現実として群馬県，高崎市では自家用車による移動が圧倒的多数を占める。そのため，中心市街地における交通手段としての自家用車の役割を無視するわけにはいかない。

　一般論として中心市街地衰退の主原因として，中心市街地の駐車場不足と郊外店舗・施設の大型駐車場充実の結果，自家用車利用者が郊外施設を選好するといわれる。そのため，中心市街地にも駐車場整備が強く求められてきた。しかし，高崎市の中心市街地には公営，民営，施設付帯を含めすでに十分な駐車場がある。第2期高崎市中心市街地活性化基本計画によれば，中心市街地内主要駐車場の駐車台数は 11,690 台であり，2007 年の第1期計画策定当初の 9,432 台から 2,000 台以上増加している。駐車場に関する市民要望も，中心市街地の駐車場不足より駐車料金の引き下げ・無料化や利用しやすさへの意見が強い。

　駐車場整備と中心市街地の活性化度を比較考量したとき，駐車場の不足が中心市街地衰退の主要要因とはいえない。少なくとも高崎市ではこれ以上の駐車場整備をするより，既存駐車場の有効活用が重要といえる。

8. 大規模駐車場の交通結節点化

　一般に中心市街地の道路は狭く，特に駐車場入口で渋滞しやすい。中心市街地の複数施設を自家用車利用で用足しするのは時間がかかり，結局のところ自家用車での中心市街地利用は不便となる。その結果，すべての用件を一箇所でまかなえる郊外の大規模ショッピングセンターが指向される。

　多くの人々が中心市街地に自家用車で来街する現実を踏まえた対応策として，中心市街地内移動を自家用車より有利な他の交通手段へ誘導する必要がある。そのための利用しやすい移動手段を整備し，中心市街地の回遊性向上，ひいては利便性とにぎわいの向上につなげることが重要である。ぐるりん都心循環線や高チャリはそうした理念に基づく移動手段として整備されたもので，ぐるりん都心循環線や高チャリの利便性向上が課題となる。

たとえば，大規模駐車場に高チャリのポートを附設し，中心市街地内近距離移動は自転車の活用を促す。あわせて通常の駐輪場を増設し，中心市街地での放置自転車対策や自転車利用の向上を図りつつ，歩行環境やまちの景観形成につなげる。また，都心循環線や高チャリのＰＲ表示，チラシを駐車場に置く。大型店舗や商店街との連携で買い物客に駐車料金の割引だけでなく都心循環線の優待券を発行する。都心循環線や他の路線バスの停留所と高チャリのポートを近接配置させる。こうした工夫を施すことで大型駐車場までは自家用車で来ても，中心市街地内部での移動手段を自家用車から転換，誘導できよう。中心市街地内および隣接大型駐車場の交通結節点化により，中心市街地内は他の交通手段で移動・回遊するパークアンドライドも，自動車社会における中心市街地活性化方策として考えられる。

9. 今後の動向と結び

人口減少と経済の停滞が続く今日および今後の都市づくりにおいて，効率的な都市運営の実現と交流の促進が重要となる。そのためには，地域の特長を活かし，地域性を発揮できるコンパクトなまちづくりが強く求められる。特に都市の顔となる中心市街地の活性化は不可欠であり，中心市街地もコンパクトなまちの集合体として再構築する必要があろう。

高崎市の中心市街地では，今後も第2期高崎市中心市街地活性化基本計画に基づき，高崎市として高崎駅東口に都市集客施設，高崎駅南方には新体育館を建設中である。また，駅東口から1kmほどの高崎競馬場跡地には，群馬県が大規模コンベンション施設を計画している。さらに駅西口正面にイオンが都心型ショッピングモールを建設中である。この様に公共・民間の施設整備計画が多く存在する（図3）。

高崎駅周辺は再開発を含め過去20年間にかなり整備が進んだ。それに加え，駅南側に新体育館，駅東口に集客施設とコンベンション施設，駅西口に大型商業施設が新たに整備されることで，上越・北陸新幹線と在来線計7路線，3高速道路などが結節する高崎市の交通拠点性は高まるであろう。これには駅を中

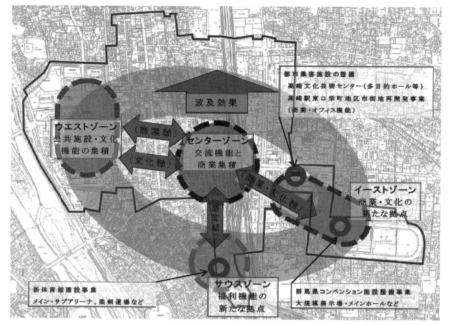

図3 高崎市中心市街地 今後の整備方針と構造図
(資料:第2期高崎市中心市街地活性化基本計画)

心とした活性化,集約されたまちづくりを目指す狙いがある。

これまでの高崎市の取り組みと現状をみるに,拠点整備にも一定の活性化効果はあり,実施する価値は大いにある。中心市街地に用のある人や来訪者を増やし,施設自体の機能により市民の利便性は高まるだろう。高崎駅から徒歩圏内の中心市街地にコンパクトで魅力的な拠点施設を整備することで,市外からの来訪者を増加させ,中心市街地全体,市域全域への波及効果が期待できる。

しかしながらこれまでの施設整備では,整備された新拠点にのみ集客効果が見られる一方で,人々が拠点にとどまり回遊性・波及性に乏しい現状が明らかとなった。いわば中心市街地内での拠点施設への一極集中が生じている。

中心市街地全体の活性化には,人の回遊とにぎわいが求められる。また,点から面への活動範囲の拡大が不可欠であり,これまでの点的な施設整備と中心

市街地や拠点までの移動手段に加え，拠点間をネットワークする仕掛け，それも面的な移動手段が必要となる．

中心市街地と市外との公共交通体系は，高崎駅を交通結節点に鉄道・高速バスからなる都市間高速路線が整備されてきている．他方で，中心市街地内の主要施設間は，ぐるりん都心循環線が高頻度に結ぶ．交通機関にはそれぞれ運送距離や運送人数について適性がある．交通機関相互の役割分担と連携により，地域の移動需要に適した公共交通ネットワークの再構築が求められ，この観点から手軽に中心市街地内部を短距離移動できる共用自転車・高チャリが設置された．

ただし，交通は目的でなく手段である．人々の目的は商品購入であり，サービス享受，文化等による精神的満足であり，中心市街地の商店街や個々の店舗，関連施設の魅力や求心力を高めねばならない．そのためには，個々の商店主をはじめ，商店街や商工会議所，土地所有者，行政や大型店事業者，交通事業者といったあらゆる主体が，共通の目標に向かって連携する必要がある．

（永井昭徳）

〔参考文献〕
高崎市（2008）『第1期高崎市中心市街地活性化基本計画』
高崎市（2014）『第2期高崎市中心市街地活性化基本計画』
高崎市地域交通課 HP　http://www.city.takasaki.gunma.jp/soshiki/koutsu.html
高チャリ公式 HP　http://www.takasakicci.or.jp/takachari/

※本報は，筆者個人の見解であり，組織としての見解ではない．

第 10 章

地域公共交通政策の課題と方向性

　本章では，主として市町村行政が関わる地域公共交通政策のアプローチから，コンパクトなまちづくり施策について論考する。地域公共交通は，地域公共交通の活性化及び再生に関する法律（以下，「地域公共交通活性化・再生法」）において，「地域住民の日常生活若しくは社会生活における移動又は観光旅客その他の当該地域を来訪する者の移動のための交通手段として利用される公共交通機関」と定義されている。公共交通事業者は，鉄道事業，軌道経営，一般乗合旅客自動車運送事業（以下，「乗合バス」）や一般乗用旅客自動車運送事業（以下，「タクシー」），国内一般旅客定期航路を営む者などが該当する。

　本章では群馬県前橋市や茨城県つくば市などを例に，特に運行区域が単一市町村域内及び隣接市町村レベルで完結し，地域の身近な生活交通として活用される乗合バスやタクシーなどの自動車交通に焦点を当てる。また，コンパクトなまちづくりを誘導する政策展開への課題や考え方を整理したい。

1. 問題点とその背景

（1）平成の大合併と自治体を取り巻く環境変化

　1999 年から国主導で行われた平成の大合併[1]によって，1999 年 3 月末に 3,232 団体あった市町村は，2010 年 3 月には 1,727 団体と約半数になった。その結果，一市町村あたりの平均人口は，1999 年の 36,387 人から 68,947 人に増加している。また，全市町村に占める人口 1 万未満市町村の割合は 30％弱へと大幅に減少した。

　合併の方式は，同じ期間（1999 〜 2010 年）に成立した 642 件のうち，新設

合併が461件，編入合併が181件である。新設合併は概ね同規模の複数町村の結合，編入合併は地方中心都市に周辺町村が結合するパターンに多い。また，一市町村あたりの平均面積は，114.8㎢から215.0㎢となり，単一市町村が所掌する面積は，ほぼ2倍に拡大した。

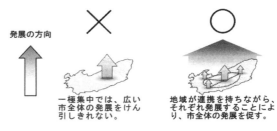

図1　前橋市が目指すコンパクトなまちづくり
（出典：前橋市都市計画マスタープラン）

合併市町村では旧市町村間交流の推進など，一体感醸成を目的とする施策が多い。特に編入合併の場合，市町村合併の特例に関する法律に基づく地域審議会の議題に，道路の新設や公的施設等の整備，旧市町村間連絡バスの運行などが重視される。それは編入された市町村が中心都市の社会資本整備状態にいかにキャッチアップできるかに関心があるからである。また，新設合併であっても，如何に平等に公的資本を配分するかが重視されてきた。

しかしながら，現在直面している少子・超高齢社会の到来，環境負荷の高まり，地方財政の危機などを勘案すれば，高度経済成長期から続く「成長する果実を分け合う」政策は転換し，社会資本整備には「選択と集中」が求められている状況にある。

(2) コンパクトなまちづくり（集約型都市構造）の議論

国土交通大臣の諮問機関である社会資本整備審議会は，2003年に「都市再生ビジョン」を取りまとめ，人口減少・市街地縮小時代のまちづくり[2]という観点から都市構造の転換を提起した。また，社会資本整備の方向性として国は，拡散型から集約型都市構造への再編を主導しつつある。その結果，「歩いて暮らせるコンパクトな集約型都市構造」への転換の必要性についての議論が盛んになってきた。

市町村レベルの計画でも都市集約化の機運が高まりつつある。たとえば，前橋市の都市計画マスタープラン（2009年策定）では，市が目指すまちづくり方針として「一つの都市として市全体が地域とともに発展するコンパクトなま

ちづくり」を明記した（図1）。また，栃木県宇都宮市の都市計画マスタープラン（2010年策定）でも，「ネットワーク型コンパクトシティ（連携・集約型都市）」の実現を目指している。

輸送サービスの提供側からは，2013年の交通政策基本法の公布・施行に合わせ，地域公共交通の充実に向けた新たな制度的枠組みに関する基本的な考え方が，中間取りまとめとして示された[3]。そこではコンパクトシティの実現が地域公共交通に対する社会的な要請として取り上げられている。諸機能を集約した拠点間，あるいは拠点と居住エリアを結ぶ地域公共交通ネットワークの再構築を図り，利用者ニーズと交通体系との合致が重視されている。

(3) 都市内部の交通ネットワーク強化

わが国の集約型都市構造の計画タイプは，①一極型（小規模都市）②駅そば型（一定規模以上の集積都市）③多極型（市町村合併による拡大した行政都市）に分類できる[4]。「②」は駅を核にして，鉄軌道がネットワーク形成の主体をなす。他方で「③」では，旧市町村間を結ぶ既存鉄道が存在しない場合，新たに鉄道経営を可能にするだけの移動需要をもつケースはまずない。そのため，多極型都市内交通ネットワークの構築・強化には，比較的小規模な移動需要に対応する自動車交通の活用が不可欠となる。

ところが，自家用車による交通需要の高まりにあわせ，郊外部に道路を整備した結果，郊外部への大規模商業施設等の立地を促進し，市民の自家用車依存を高めた。また，この新たな交通需要の発生が更なる道路整備の必要性を高め，道路整備による利便性向上が益々マイカー依存を高めてきた。このしたモータリゼーション・スパイラルの惹起は，コンパクトなまちづくりの姿とは逆の，低密度都市的土地利用の拡散を促している。社会資本維持のための行政負担増はもとより，加齢や障害による運転不能な外出困難者の増加が社会問題化する懸念も大きくなってきた。

またモータリゼーションの進展は，乗合バスなど民間公共交通機関の経営を窮地に追い込み，路線維持のための行政補助金の増大や，路線撤退を招いてきた。そのため，住民要請も相まって民間経営ベースを離れ，市町村が運営主体となるコミュニティバス路線等が，全国各地で開設されている。近年，地域に

おけるコミュニティバスの役割には大きなものがある。しかし，新たな財政支出の増大が問題となる。

そこで，市町村行政がかかわる地域公共交通の維持確保策とコンパクトなまちづくりについて，課題の考察と活用策の糸口を探る。

2. 地域公共交通政策の実情と諸課題

(1) 公平・平等・均質を求められる行政施策
①定時定路線コミュニティバスの特徴

つくば市における 2009 年当時のバス路線は，民間路線バス（図2）と，「つくバス」[5] という市営コミュニティバス（図3）がある。いずれもバスマップから作成し，系統が輻輳する区間は太さにより系統数を表したものである。2009 年 9 月時点では，民間バス 42 系統と，つくバス 17 系統が運行されていた。

図からも明らかなように，両者は役割分担を明確にしている。相互に補完関

図2　民間路線バス路線（筆者作成）

図3　つくバス路線（筆者作成）

係を築くことを目指して，後発のつくバスが開設される際に，つくバスの運行ルート等は配慮があったと推察できる。

　民間のバス路線は，ＪＲ常磐線やつくばエクスプレスの駅を主要発着点として，比較的自動車通行量の多い，市街地の連坦する幹線道路沿いを運行する。また，複数の系統を輻輳させ，運行頻度の確保が図られている。さらに，市町村域をまたいで広域的輸送需要を担えるように設定される「選択と集中型」である。

　一方，つくバスは，市有施設等を主要発着点として，細街路などを通じて，既存集落をくまなく巡回する。すなわちつくバスは，運行頻度よりも面的に公共交通サービスの不十分な地域をカバーすることを重視している。また，ルートはつくば市内相互間の需要を充足するような路線設定である。いわゆる「公平・平等型」となる。

　また，運賃設定では，地方の民間路線では「対キロ区間制運賃」が適用基準になる。これに対し，市町村等が主宰して企画・運行するコミュニティ交通（バス・タクシー）は，道路運送法に基づく地域公共交通会議の地域合意により均一制による協議運賃設定が可能となる。そのため，地域総花的な冗長経路であっても，低廉な均一運賃の採用により所要時間ロスの弱点を相殺できる。この結果，片道100～300円の安価なバスが全国各地に広まった。

　しかしながら，両者の収益性の違いは明らかである。コミュニティ交通の運行経費を運賃収入のみで賄えるケースは稀で，行政から多額の税金投入によって路線が維持される。また，公的資金投入が前提であれば，運行ルート沿線以外の住民は，低廉な輸送サービスの恩恵が受けられないため，「おらが町にも路線バスを」といった我田引バス的発想が出てくる。他方で，低廉な運賃設定が，モータリゼーションの進展による利用者減少に悩む民間路線バスと利用者を取り合うことで，民間路線バス会社の経営を圧迫する。また，民間路線バスの運行計画の届出には，クリームスキミング的運行[6]を防止する行政指導が制度化されており，新規路線の競合参入に対して排他的であり制約がある。低廉なコミュニティバスが居住地域に開通しないのは，民間路線バスが実用に足らぬ程度に残っているから，というような民間バス悪者論まで出かねない状況

がある。

②デマンド交通による交通施策の新たな動き

行政主導の公平・平等・均質な「移動手段の確保」を，人口密度が低く，定時定路線バスが存立できない都市周辺部農村地域等において実現するには，いわゆるデマンド交通が有効となる。デマンド交通は需要が生じて初めて輸送サービスを供給するという手法で，路線運行を区域運行に代え，サービスの提供を「線から面」に広げようとする試みである。

前橋市は，2004年に従前から広域市町村圏を構成していた大胡町，宮城村，粕川村を編入合併した。旧町村が赤字補填して運行を維持してきた路線バスを承継したものの，利便性・収益性の低さなどから，2007年1月には全国に先駆けて「ふるさとバス」という愛称のデマンド交通に見直し，半年間の試験運行を経て本格運行に至っている。

デマンド交通には複数の方式が存在し，サービスレベルも多様である。筆者は，①定時定路線バスを基本として運行に融通性を持たせる方式，②タクシーを基本として運行に制限を設ける方式，に大別できると考えている[7]。

前者は，発車時刻固定，路線非固定という形で，バス運行に融通性を付与する方式である。前橋市のデマンド交通は，後者の手法の範疇になる。乗降ポイントを設けること，遠回りがあること，運行区域を制限することで，タクシーとの差別化を図り，関係事業者間で調整した経緯がある。

また，2013年には，旧富士見村から承継した「るんるんバス」も同じ方式によりデマンド化された。運行形態は結果として，先行導入した「ふるさとバス」と同じ方式である。もとより，他の方式も検討されたが，先行導入（ふるさとバス）のデマンド方式と同レベルの運行サービスを提供する必要性が重視された。そのため，発車時刻固定などの新しい制限の導入は見送られている。

るんるんバス車両
（前橋市役所のウェブサイトより）

行政施策では先行事例とのバランスが重視されるため，先行導入したサービスの水準を下げた手法で，同じ自治体内の他の地域に拡大しようとする力は働かない。また，人が本来持つ無限の欲求への対応を迫られる中で，行政施策における利便性向上の議論が行き過ぎた結果，過大な税投入を前提とする廉価な運賃のコミュニティ交通が拡大して既存の事業経営を圧迫するなど，各交通モードの役割分担や棲み分けを乱す契機となった事例もある。

(2) 公共交通空白地域の解消とコンパクトなまちづくり

徒歩で抵抗なくアクセスできる移動距離は，天候や目的地，個人差があるが，2011年策定の「前橋市公共交通マスタープラン」では，バス停勢圏は半径300m，鉄道駅勢圏は半径1kmを徒歩圏とした。これに基づき公共交通不便地域の解消を目指す制度整備のため，駅勢圏とバス停勢圏が図示された。図4はその図に，区域運行のデマンド運行エリアを加筆したものである。

市北部は赤城山の山間地で，概ね森林地域のため人口は僅少である。

赤城南麓地域は，旧町村部の比較的平坦な南向き斜面であり，人家が散在する。現在，昭和の合併により前橋市となった芳賀地区は，デマンドバスの運行区域から外れている。

太線で囲まれたエリアは，都市計画法上の市街化区域及び用途地域（以下，都市地域）である。

図4からは，都市地域の大部分が公共交通でカバーされていることが分かる。最もカバー率が高くなる地区は，前橋駅を含む市中心部の本庁管内（昭和の大合併以前の前橋市域）である。実に都市地域面積の92.4%，居住人口の95.1%が，図4に示す駅勢圏とバス停勢圏に含まれる[8]。

ところが，バスや鉄道が本当に便利かといえば，住民の満足度は決して高くない。地図上でカバーされる面積を誇示するだけの施策展開では不十分であり，運行本数や頻度，情報提供などの輸送の質を高めることが重要となる。

具体的な事例として，新前橋駅を挙げる。駅前広場には2007年ごろから，新規路線の開設や既存路線のルート見直しによって徐々に乗り入れ事業者が増加し，2013年10月には5つの事業者によって運行されている。

平日（月〜金）のデータイムは1時間に3〜5本程度の頻度が確保されてお

第 10 章　地域公共交通政策の課題と方向性　133

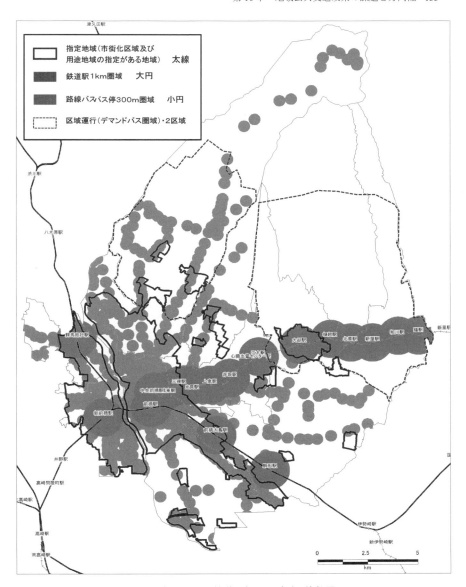

図 4　都市地域と鉄道駅勢圏及びバス停勢圏
(原図：前橋市都市公共交通マスタープラン)

表1 新前橋駅→県庁前 路線バス時刻
(筆者が路線バス時刻表から抜粋して作表)

のりば	1	2			
系統	①	②	③	④	⑤
事業者	N	G	J		K
10時	50	24	27		15 45
11時	25	14	47	30	
12時	35	14			20
13時		14	47	40	20
14時	40	14			20 45
15時		14	57	15	50

り,一見便利そうに思える(表1)。しかしながら,各事業者が自社の論理を優先してダイヤを組んでおり,運行間隔が一定にならないこと,乗り場が方面別ではなく路線別に別れていることなど,使い勝手は思わしくない。このようなケースには特に,行政主導による有効なコーディネイトや手当てが必要である。バス停ポールの時刻表は前橋市が調整して会社別から乗り場別に修正されたが,今後は鉄道駅とも連携した積極的な情報発信が求められている。

　輸送の質に関する利用者の要望では,運行頻度は高いほうが良い,乗降場所は近い方がよい,運賃は廉価なほうがよい,となる。しかし,自家用車の普及に伴い拡散した低密度な市街地に,多額の税金を投入して稠密に地域公共交通網を構築・維持することは,行財政負担の増加に直結する。他方で,地域公共交通の導入・維持にかかる市町村の役割が強まってきた。そこで筆者は,行政施策として「地域が最低限必要とする旅客輸送サービス水準(地域ミニマム)」の設定が急務と考えている。そのためには,市町村の財政力はもとより,地域特性(人口密度,年齢別人口構成,公共交通分担率,自家用車保有率,移動距離,医療機関・小売店舗等の立地特性)などの指標を用いて,身の丈にあった輸送サービス水準を示す研究が必要となる。

　交通政策基本法の成立にみられるように,今後,日常生活のための交通手段確保は,まちづくり施策と両輪で進めることとなる。また,地域公共交通の再編はコンパクトなまちづくりへの転換を重視した施策展開が主流となり,これら政策の企画立案は,地方行政が主体となる。従前の国の責務が円滑に地方に移るためには,公共交通事業のコントロールを目的として培ってきたノウハウが更に研究,議論され,国の機関などから地域公共交通にかかる輸送サービス水準の具体的な数値指標が公表されることが求められる。

(3) 地域公共交通としてのタクシーの関わり方

　タクシーを地域公共交通機関に位置づければ，地域公共交通の空白地域は存在しないという考え方もある。次に，地域公共交通の視点からタクシー役割や問題点について考察する。

　日常空間において最も移動の自由度が高い地域公共交通はタクシーで，生物に例えるなら肉食動物であろう。最も限定的なのは鉄道などの軌道交通で，植物に例えられる。また，その中間は乗合バスで，草食動物となる。

　タクシーの地域公共交通への活用は，小規模需要と柔軟性のある適時運行サービス特性を活かして，限りなく個別輸送に近いニーズへの対応が可能となる。前橋市公共交通マスタープランでは，公的セクターが担う守備範囲を踏まえ，複数人乗車による相乗りタクシー手法が例示されている。

　タクシーの営業区域は法により交通圏単位に限定される。しかし，乗車地または降車地のいずれかが圏内であれば自由に動ける。そこで，タクシーの移動領域（範囲）を調べるため，前橋市内中心部に本社を置くA社と，郊外に拠点を置くB社の協力を得て現地調査を実施した。

　図5は，A社及びB社の乗務記録簿から，2013年末平日一日間の営業運行全259トリップを悉皆調査した結果である。図5では乗車時刻をX軸，乗車距離をY軸とした。なお，乗車距離はメーターで算出された運賃を元に，群馬県A地区における認可運賃の計算方法に基づき推定している。時間距離併用運賃が適用される場合もあるが，今回は距離制による運賃計算でメーターが上がる寸前まで走行したものとみなして，乗車距離を算出した。

　一件（一運行）あたりの平均乗車距離[9]は，市中心部のA社が4.0km，郊外のB社が9.4kmで，郊外での乗車距離が長い。乗車（実車）時間の平均は，A社で10分弱，B社で17分である。また，前橋駅を発着地とするトリップが，A社で81件と全利用の1/3程度となり，その平均乗車距離は3.9kmとA社全体の平均乗車距離に比して若干短い。また，両社合わせて10km以上の乗車距離は全体の1割に過ぎず，そのうち2/3が郊外のB社であった。

　支払い運賃の分布は，市中心部のA社で1,500円未満（概ね5km弱）の乗車が全体の7割強を占める。1,000円未満（概ね3km弱）は過半数に及ぶ。と

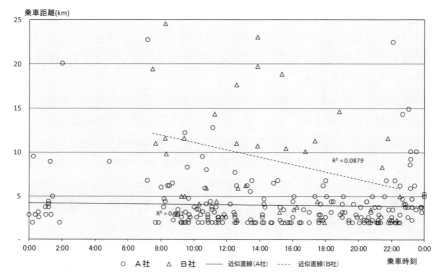

図5 タクシーの乗車時刻と乗車距離の分布
(現地調査をもとに筆者作成)

りわけ日中では短区間利用が多くなる。このような状況から，市中心部で営業するタクシーは，駅を中心にした人口や施設の多い市街地内での短距離輸送の回数を重ねることで，運賃収入を得ていることが分かる。

　タクシー事業主への聞き取り調査でも，「コンパクトシティの方がタクシー事業に有利では」という意見が寄せられた。低密度な市街地の拡大と拡散は，定時定路線で運行する鉄道やバスのみならず，移動の自由度が高いタクシーにとっても経営基盤を脆弱化する一要因となると推察する。このことから，将来に向け，地域公共交通の維持活性化を図るとともに，過度に自家用車に依存しない生活習慣へ転換を進めることが，コンパクトなまちづくりの誘導に資するものと考える。

3. コンパクトなまちづくりへの地域公共交通政策

　本章では，主として市町村行政が関わる移動手段の確保，地域公共交通の維

持活性化の視点から，コミュニティバスやデマンド交通，タクシーの各交通モードの実態と問題点を検証し，コンパクトなまちづくりの推進に向けた地域公共交通政策について論考した。

「平等，公平，均質」を求められる公的セクターが地域公共交通を主導する場合，デマンド交通の導入・拡大や，冗長な経路を丹念にトレースするコミュニティバス運行など，公共交通サービスが十分に行き届かない交通不便地域への対応が第一義に取り上げられる。そうした公共交通政策は，選択と集中を目指すコンパクトシティの誘導と相反する政策といえよう。また，公共交通はこれまで民間経営が先行してきたことから，既存事業体による交通体系の現状維持が重視され，行政主導による公共交通ネットワークへの構造転換は，多くの議論と調整を介した慎重な対応が必要となる。

交通政策基本法の施行など一連の法改正により，地域住民の移動手段の確保は地方公共団体に計画主体が移る。地方行政が主体となって手当てする旅客輸送は，それぞれの地域で合意しうるミニマム・サービスの設定を議論の出発点とすることが肝要である。地域の実情に合ったサービス水準を定めるためには，第三者的な指標が必要となることから，当面は国レベルでモデル的な有効事例を積み重ねて整理し，諸指標を類型化，定量化することが早急に求められる。このような作業が進むことで，住民要望の拡大と過剰な行政負担の抑制，低密な市街地拡大の抑制に資すると考える。もとより，民間事業者が自らの経営判断の中で追求するサービス水準の向上と交通機関の維持運営を妨げるものではない。

タクシーの利用実態から，対距離制の採用が近距離利用を誘導し，長距離の乗車を控える傾向がみられた。これまで対距離制運賃は，公共交通離れの加速と自家用車の普及の一因に挙げられてきた。しかし，将来的な地域公共交通の運賃政策の中では，均一制運賃は限定的な範囲にとどめ，距離制運賃を基本にするべきである。距離制運賃を基本に割引や補助などの個別負担軽減策を施す手法の方が，コンパクトなまちづくりに繋がる地域公共交通政策になる。

地域公共交通を有効に機能させ，居住環境のレベルアップを図るには，公共交通利用重点エリアや，地域公共交通乗継結節点の開発・誘導エリアの設定が

必要となる。そのためには，市町村の自主性，創意工夫による地区計画を策定するなど都市計画制度との連動強化が重要となろう。また，包括的な空間活用にかかるグランドビジョンを議論するなかで，特に鉄軌道や基幹バスなど幹線交通体系の整備が不可欠となる。現状への対応を繰り返すコミュニティ交通施策とコンパクトなまちづくりの交通政策は区別しなければならない。コンパクトなまちづくりのためには，地域公共交通体系を数世代間で承継する装置型都市施設として都市の骨格に据えることが求められる。

歩いて暮らせるコンパクトなまち，持続可能な地域公共交通のあるまちにするためには，市民が地域公共交通を日々の移動手段の選択肢に加える生活習慣を受け入れることが肝要である。

(新保正夫)

〔注〕
1) 総務省（2010）『「平成の合併」について』6p．
2) 都市再生ビジョン研究会編（2004）『市街地縮小時代のまちづくり』ぎょうせい，230p．
3) 交通政策審議会交通体系分科会地域公共交通部会中間取りまとめ（2014）
4) 海道清信（2010）「低炭素型都市における持続可能な都市形態と周辺部」，川上光彦・浦山益郎・飯田直彦＋土地利用研究会編著『人口減少時代における土地利用計画』学芸出版社，pp.19．
5) つくバスは2011年度からデマンド運行型の「つくタク」に一部見直しが図られている．
6) 公共サービスなどにおいて，規制緩和によって参入する新規事業者が，収益性の高い分野のみにサービスを集中させ，「いいとこ取り」をする行為は，クリームスキミングと言われる．「クリームスキミング的運行」の要件は，国土交通省通達で示されており，運行計画の変更命令等の対象となる．
7) 新保正夫（2014）「地方中心都市における地域公共交通計画策定の必要性と施策展開に関する考察－前橋市を事例として－」高崎経済大学地域政策研究 16-2, p.76．
8) 前橋市（2011）『前橋市公共交通マスタープラン』15p．
9) 同年同月の前橋市地区ハイヤー協議会加入10社の一乗車あたりの平均乗車距離は，4.5kmである．(群馬県ハイヤー協会調べ)

〔参考文献〕
戸所　隆（2000）『地域政策学入門』古今書院，212p．
大島登志彦（2009）『群馬・路線バスの歴史と諸問題の研究』上毛新聞社，259p．

※本報は，筆者個人の見解であり，組織としての見解ではない．

生活・産業を支援するコンパクトなまちづくり

第11章
成熟期のニュータウンに必要なユニバーサルデザイン

1. 高度経済成長期の住宅需要と住宅供給

　日本は戦後復興を遂げ，続いて豊富な労働力を基盤に高度経済成長に突入した。それは国際的にみて豊富かつ安価な労働力を基盤としたものであった。一方，生産力の増強は主に都市部で労働力の不足を招いた。その頃，機械化などによって農山漁村では労働力の余剰を生じており，余剰労働力が農山漁村から都市部へと流れた。いわゆる「向都離村」という現象である。

　都市部に転入した人々は自らの住居を必要とする。高度経済成長の初期，都市部の住居は一部で中層集合住宅がみられたものの，まだ戸建や木造アパートなどの低層住宅が主流で，当然ながら昨今のような高層マンションは皆無に等しかった。そのため都市的地域が平面的に拡大した。こうして郊外では，アーバンスプロールと呼ばれる無秩序な都市化が生じた。都市基盤の整備が都市化に追い付かない事態も各所で起こった。住宅不足が様々な都市問題を顕在化させる基盤となったのである。

　居住水準を向上させた住宅の供給，暮らしを楽しめるオープンスペースの確保，道路交通量の増加に伴う渋滞の解消など，健全な都市成長が必要な時代が到来していた。新しい市街地を計画的に形成して住宅を供給しようという考えは，研究者や都市計画家の間でHoward（1898）やPerry（1929）の古典的な思想を援用しながら成長していった。ニュータウン（以下，本文中では原則的にNTと記す）建設に向けての基盤がこうして整った。

2. 日本における主なニュータウンと千里ニュータウン

(1) 三大都市圏の主なニュータウン

　日本には各地に大小さまざまな NT がある。その中には，民間企業が主体的に開発したもの，研究関連施設を含む総合開発的なものも含まれる。後者では，筑波研究学園都市や関西文化学術研究都市が著名である。

　しかし，公共資本が積極的に投入された大規模 NT はあまり多くない。三大都市圏において代表的なものを列挙すると，首都圏では多摩（入居開始年：1971 年，2010 年頃の人口概数：21.6 万人，開発面積：22.3 ㎢。以下同様），千葉（1979 年，9.4 万人，25.3 ㎢），港北（1983 年，20.0 万人，25.3 ㎢），中京圏では高蔵寺（1968 年，4.8 万人，7.0 ㎢），京阪神圏では千里（1962 年，8.9 万人，11.6 ㎢），泉北（1967 年，14.2 万人，15.6 ㎢），洛西（1976 年，2.8 万人，2.6 ㎢），北摂三田＆神戸リサーチパーク（1981 年，5.6 万人，12.0 ㎢），西神（1982 年，9.2 万人，5.8 ㎢）となる。そして，1970 年ころ以前に建設された NT に対しては，1990 年代末から，高齢化などの問題点が指摘され始めていた（福原 1998, 2001; 香川 2001 など）。

(2) 千里ニュータウンの概要

　前節で列記した NT の中で最も古いのが千里 NT であり，2012 年には初期入居から 50 周年の祝賀行事が催された。千里 NT の利点として頻繁に指摘されるのが交通の利便性の良さである。紙幅の都合で地図は割愛するが，千里 NT は大阪の都心部から真北へ約 10km の位置にあり，新幹線，航空機の国内線，高速道路へのアクセスに優れている。しかし，人口についてみると，ピークであった 1975 年の 13.0 万人から減少を続け，2010 年にはピーク時の約 68％にあたる 8.9 万人まで減少した。

　こうした人口減少は，近年になって少し緩和されつつある。それは，分譲集合住宅（いわゆる分譲マンション）の供給に伴う人口転入によるものである。つまり，上述した交通利便性や環境の良さが評価されて，新しい住宅の建設ラッシュが生じ，そこが住宅需要者の受け皿になっているからである。分譲マン

ションの開発では，斜面緑地や余剰地を活用した新規開発型，老朽化した集合住宅の建替え再開発型に大別される。後者ではPFI法が公布された1999年以降，それを活用した開発や再開発が多い（香川，2015）。

(3) 千里ニュータウンの高齢化

千里NTの高齢化は，2つの要因によって生じている。第一は居住者の加齢によって高齢人口（65歳以上の人口）が増える絶対的高齢化，第二は第二世代（初期入居者の子世代）が進学・就職・結婚などで同居していた親元から離れ，総人口に占める第一世代（親世代）の構成比が高まるという相対的高齢化である（香川，2006）。千里NTでは，これらが同時進行的にみられるため，図1に示すように全国や大阪府の数値と比べても高齢人口比率が高く，2010年の国勢調査では30.3%に至った。

日本で最も古い大規模NTである千里でこのような人口変化が生じている実情を踏まえれば，同様の理念で造成された全国各地のNTでも類似した現象が早晩生じると考えられる。実際，首都圏で最も古く最大規模を誇る多摩NTでも酷似した状況が生じ，社会変化に応じた多様な事業が行われ始めている（宮澤，2004, 2006, 2010；上野・松本，2012）。そして千里NTでも同様の報告がある（鳴海・山本，2005；直田，2005）。

「今やニュータウンはオールドタウンになった」といわれることも珍しくなく，今後は脱成長社会のもとでNTの持続可能な発展を希求していく姿勢が一層大切になる。残留する第一世代の要求に応えつつ，他方では分譲マンションに転入してくる若い家族にも住み心地が良いNTを追求していかなければならない。そこで我々は何に着目し，どのようにすべきなのか，それを地理学的に追究していくのが本稿の狙いである。

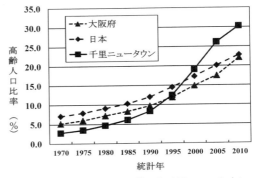

図1 全国，大阪府全域と比較した千里ニュータウンの高齢人口比率の推移（資料：国勢調査）

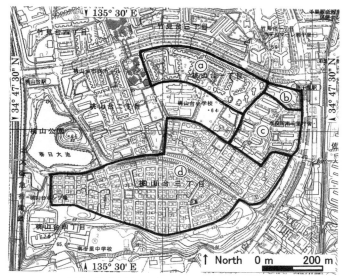

図2　桃山台地区における各種住宅の分布領域
出典：1/10,000 地形図「吹田」(2005年11月1日発行) に筆者が加筆
ⓐ:公営住宅 (中層賃貸) ⓑ:公団住宅 (高層賃貸) ⓒ:公団住宅 (中層分譲) ⓓ:戸建住宅 (持家)
注) ⓒは現在建替えられて民間資本の高層分譲マンションになっている。

3. 桃山台地区における高齢化

(1) 住宅のタイプ別にみた高齢化

　既に述べた千里NTの高齢化は，当然ながらNT内で一様に生じているのではない。筆者は，住宅のタイプ別にみた高齢化について，千里NTの桃山台地区で調査・研究したことがある (香川, 2001)。ここでは，その後の国勢調査のデータを加え，同様の方法で同じ地区において解説を行う。

　桃山台地区は，千里NTの最南端に位置し，地区の東側には阪急電鉄の南千里駅，地区の西側には大阪地下鉄の御堂筋線に直通する北大阪急行電鉄の桃山台駅がある。桃山台地区の中心に近い桃山台小学校の南門付近からは，両駅まで徒歩で約10分の行程である。この地区の中には，同じタイプの住宅が相応にまとまってモザイク状に分布している (図2)。集計結果の公表が簡素化さ

れる前の 2000 年国勢調査までは，同じタイプの住宅ごとに年齢階級別・男女別に人口分析を施すことができる。

千里 NT がほぼ完成した 1970 年以降の国勢調査を使って，図 2 に示した桃山台地区の各種住宅について，高齢化の進み具合をみたのが図 3 である。この図をみると，居住者の年齢が 1970 年頃から他の住宅より

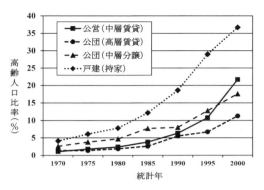

図 3　住宅の種類別にみた桃山台地区の高齢人口比率の推移　資料：国勢調査（基本単位区データ）

も高かった戸建住宅は，最も早期から高齢化が進んでいる。図中の最新データである 2000 年の状況から判断して，現在は高齢人口比率が 40％を超えていると推察される。しかし，近年において高齢化が最も急激に進んでいるのは，公営住宅（大阪府営千里桃山台一丁目住宅）である。

（2）公営賃貸住宅における高齢化

桃山台地区の公営住宅は，5 階建の集合住宅（写真 1）で，エレベーターは設置されておらず，図 2 に示した公営住宅（図中の@）には 613 戸の住戸がある。

入居が始まったのは 1967 年である。各住戸は床面積が 50〜60 ㎡程度で大きくないが，日本独特の和室が主体で 2〜3 の寝室がある。ただし，三世代が同居するには不向きな間取りである。

本節では，国勢調査データを使って，1970 年から 10 年ごとに 2000 年まで，4 つのステージで人口ピラミッドを比較す

写真 1　大阪府営千里桃山台一丁目住宅
（中層賃貸の公営住宅）
写真：筆者撮影（2012 年 11 月）

る（図4〜図7）。初期入居がなされた直後の1970年（図4）では，30歳前後の夫婦と彼らの子供からなる人口構造が明らかである。この状態は1980年（図5）と1990年（図6）でも，全体が加齢したように年齢構成が上方にシフトしていく。しかし，2000年（図7）では，第二世代（子の世代）に相当する人々が転出していったことを読み取れる。つまり，1990年代に進学・就職・結婚などの転機を迎えた第二世代が，親元から独立して生計を営むようになったわけである。このように，初期入居者である第一世代の多くが高齢者となり，第二世代（初期入居者の子世代）が親元から離れ，既述の絶対的高齢化と相対的高齢化が同時進行している。

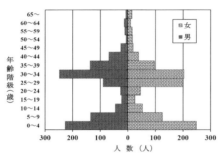

図4　公営住宅（大阪府営千里桃山台一丁目住宅）の人口ピラミッド：1970年
　　　資料：国勢調査（基本単位区データ）

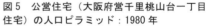

図5　公営住宅（大阪府営千里桃山台一丁目住宅）の人口ピラミッド：1980年
　　　資料：国勢調査（基本単位区データ）

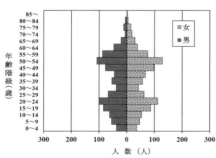

図6　公営住宅（大阪府営千里桃山台一丁目住宅）の人口ピラミッド：1990年
　　　資料：国勢調査（基本単位区データ）

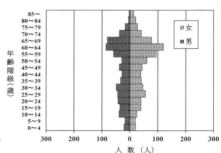

図7　公営住宅（大阪府営千里桃山台一丁目住宅）の人口ピラミッド：2000年
　　　資料：国勢調査（基本単位区データ）

4. 高齢者は何処に不便を感じているのか

　高齢化が急激に進んでいる公営住宅では，エレベーターが無いということが，ここで暮らす高齢者に多大な不便を強いていると推察される。また，彼らが一層加齢すると，質問紙への書き込み，聴き取り調査への返答も難しくなるケースが多発すると危惧される。そこで2012年の8月，質問紙を配布し，記入後に郵送してもらう方法で調査を実施した。また，インタビューに応じてもらえる場合は，回答の時にその旨を付記するようお願いした。

　防犯上の問題に配慮して，明らかに空室である住戸を除いて質問紙を全戸に配布した。配布枚数は580枚，回収枚数は200枚であったので，回収率は34.5％である。その結果の主要な部分を以下にまとめる。

　質問項目のうち，日常生活の様々な部分で不便を感じていることが予想される高齢者については，自宅内，自宅周辺（階段や建物周り），地区内外の3カ所について不便を感じる場所を選択肢から複数回答可能という条件で選んでもらった。さらに，選ばれた選択肢について，不便さを感じる明確な理由がある場合はそれについても記入してもらった。

　第1に，高齢者が自宅内で不便を感じる場所について，図8で調べてみる。20％以上の者が不便を感じている箇所を比率が高い方から並べると，「冬季に壁や窓が結露する」が60％を超え，「風呂場の段差」と「住宅内のドアの不具合」「トイレの段差」が40％台だった。そして「バルコニーと部屋の段差」「バスタブの高さ」が30％台，「ガスや水道の使いにくさ」「洗濯物の干しにくさ」が20％台だった。このように高齢者は，身近な生活の場である住宅内で多くのバリアを感じていることがわかった。住居学の研究成果も合わせつつ，住戸の改善を図っていくことが大切であろう。

　第2に，高齢者が自宅周辺で不便を感じる場所を，図9で説明する。10％以上の者が不便を感じている箇所を比率が高い方から並べると，20％を超えるのは「階段の1段あたりの高さ」だけで，「階段室と自宅ドアの間の段差」「地上階にある郵便箱の使いにくさ」「（地区内の）階段の段数の多さ」「道路と階

写真2　住宅地内のいたるところでみられる階段
写真：筆者撮影（2012年11月）

段室との間の小さな段差」がそれぞれ10%台で続いた。写真2にみるように，丘陵地を開発してできた地区内には，段数が多い階段が随所にみられる。一方で，上述の自宅内のバリアと比較すると，自宅周辺でバリアを感じている者は相対的に少なく，高齢者の外出頻度は高くないと考えられる。

第3に，高齢者が地区内外で不便を感じる場所を，図10で調べてみる。10%以上の者が不便を感じている箇所を比率の高い方からみると「近隣センターの使いにくさ」「坂道や階段の多さ」がともに20%を超え，「桃山台駅の使いにくさ」「道路の自動車が怖い」「桃山台駅周辺の使いにくさ」「南千里駅の使いにくさ」が10%台で続いた。桃山台駅やその周辺で不便を感じている者が多い背景には，同駅が並行する幹線道路の新御堂筋の上下線の間に設けられた駅で，新御堂筋の両側には地上に側道が設けられているという複雑な構造が介在している。つまり，桃山台駅の利用者は，階段を下りて側道をくぐり，そこから階段を上がって新

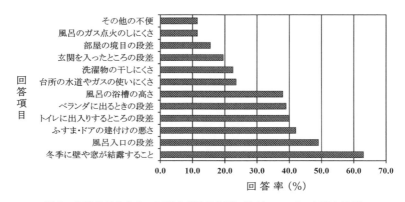

図8　高齢者が自宅内で不便を感じる場所（資料：アンケート調査結果）
注）回答者の総数は200名。複数回答を認めた。回答率を算出する際の分母は200。

御堂筋を越えコンコースに至り，さらに改札口からホームまで再び階段を下りなければならない。近年では，バリアフリーに配慮した別の改札口が整備されたとはいえ，この経路は距離的にみると回り道になる。公共交通のバリアをめぐっては様々な論考があるが，持続可能な発展のためにはハード面だけでなく組織や制度についても整備が必要と唱える青木（2011）の主張は，特に注目できる。この問いかけに対する回答率から判断すれば，上述した自宅周辺の場合と同様，高齢者の外出頻度は決して高くないことがうかがえる。

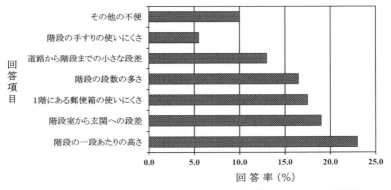

図9 高齢者が自宅周辺で不便を感じる場所（資料：アンケート調査結果）
注）回答者の総数は200名。複数回答を認めた。回答率を算出する際の分母は200。

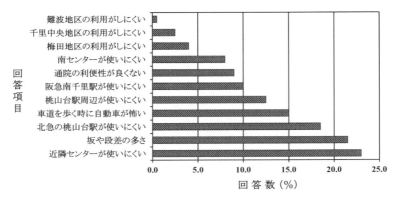

図10 高齢者が地区内外で不便を感じる場所（資料：アンケート調査結果）
注）回答者の総数は200名。複数回答を認めた。回答率を算出する際の分母は200。

自由記述欄や併用したインタビューによると，建物にエレベーターが無いことを不便と感じている回答が多くみられた。集合住宅の完成から調査当時で45年を経過していること，さらに建物の構造が影響して，エレベーターを設置するのはかなり困難だと思われる。この公営住宅を管理している大阪府住宅供給公社は，潤沢な財源をもつ組織でもないため，エレベーターの設置には及び腰で，4階や5階で暮らす高齢者を1階や2階の空き家へ転居させる斡旋を行っているようである。ハード面での整備が難しい限り，このようなソフト面でのサービスを一層拡充していく必要があろう。

5. まとめ－ニュータウンの持続可能な発展に向けて我々がなすべきこと－

　高齢者が多いものの，今後の千里NTは高齢者向けのサービスに専念すべきではない。それは逆に若い世代にとって，福祉色が強過ぎて魅力的なコミュニティには映らなくなるリスクを誘発しかねない。高齢者の多くが自由記述やインタビューで回答したように，彼らには若い世代との共生を千里NTで図っていきたいという希望が強い。若い世代との共生のためには，千里NTで暮らしたいと願う若い世代を引き寄せるための工夫が必要である。さらに，少子高齢社会を反映して，第一世代（親世代）と第二世代（子世代）の双方で近居への志向が珍しくない（香川，2011）ことを踏まえると，第一世代から世帯分離する第二世代をNT内に留める工夫が求められる。

　その工夫の一つが受け皿となる住宅の整備，もう一つがコミュニティの環境整備である。とくに本稿で明らかになったように高齢者の生活空間が極めて狭いことを考慮すれば，若壮年層にフィットするようにつくられたNTにおいても，ストレス無く歩いて暮らせるコンパクトなまちづくりが必須である。また，若い世代を惹き付けるには，彼らの就労の場をNT内や近傍で整えなければならない。これは，NT内で近居して親世代を訪ねての介護が必要になった場合にはなおさらのことである。時間地理学的にみた若い世代の行動プリズムを小さくし得るコンパクトなまちづくりがNTに求められる。そして，このような施策の必要性は，千里NTに限ったことではなく，すべてのNT，そして少子

第 11 章 成熟期のニュータウンに必要なユニバーサルデザイン　149

高齢社会における全ての成熟住宅地にも当てはまる。

　仮に 2 (2) で触れた PFI が積極的に導入され，多くの新しい分譲集合住宅が NT 内で供給されると仮定しよう。新たに NT へ転入してくる世帯には，幼少の子供がいる世帯も多いと考えられる。したがって，すべての年齢層の居住者が快適さを共有できるような設備

写真 3　自転車の減速を促すために設けられたバリア（竹見台地区）
　　　写真：筆者撮影（2012 年 11 月）

や施策が望まれる。そして，高齢者向けのバリアフリーは，同時にあらゆる世代に利便性を分配できるユニバーサルデザインでもあるべきである。そうした試みはいくつか見出せるが，写真 3 のような自転車の減速を促す設備もその好例で，これは意図的に設けられたバリアの一例である。日本では多くの歩道で自転車走行が可能なので，自転車と歩行者の衝突事故を回避するためにも，こうした設備は積極的に設置していくべきである。

　もちろん，ユニバーサルデザインを実現する設備だけでなく，通所型デイケアセンターと幼稚園や保育所との併設による世代間交流の促進，スーパーマーケットやコンビニエンスストアにおける品揃えでの工夫など，あらゆる世代が快適に暮らせるコミュニティの模索は，いたるところで展開できる。

　千里は日本最古の NT であるため，そこにおける様々な試みが他の NT にも波及する可能性は高い。千里 NT で試みられる実践の観察と記録は，日本の NT を研究するうえで必ず参照しなければならないといっても過言ではない。

（香川貴志）

〔参考文献〕

青木真美（2011）「公共交通の持続可能性について－ 3 つのシームレス化の必要性－」商経論叢（近畿大学）57-3，pp.667-676.

上野 淳・松本真澄（2012）『多摩ニュータウン物語－オールドタウンと呼ばせない－』鹿島出版会，209p.

香川貴志（2001）「ニュータウンの高齢化－シルバータウン化する千里ニュータウン－」吉

越昭久編『人間活動と環境変化』古今書院, pp.139-154.
香川貴志（2006）「人口減少と大都市社会－千里ニュータウンの公営住宅にみる人口減少と高齢化－」統計 57-1, pp.2-9.
香川貴志（2011）「少子高齢社会における親子近接別居への展望－千里ニュータウン南千里駅周辺を事例として－」人文地理 63, pp.209-228.
香川貴志（2015）「千里ニュータウン内外における住宅開発の特徴とその課題」日野正輝・香川貴志編著『変わりゆく日本の大都市圏－ポスト成長社会における都市のかたち－』ナカニシヤ出版, pp.189-204.
直田春夫（2005）「千里ニュータウンのまちづくり活動とソーシャル・キャピタル」都市住宅学 49, pp.15-21.
鳴海邦碩・山本 茂（2005）「人口減少社会のニュータウンの抱える問題と今後の方向性－千里ニュータウンをケースに－」都市住宅学 49, pp.3-8.
福原正弘（1998）『ニュータウンは今－40年目の夢と現実－』東京新聞出版局, 295p.
福原正弘（2001）『甦れニュータウン－交流による再生を求めて－』古今書院, 188p.
宮澤 仁（2004a）「都市の構造環境とインアクセシビリティ－多摩ニュータウンの早期開発地区を事例地域に－」人文地理 56, pp.1-20.
宮澤 仁（2004b）「多摩ニュータウン早期開発地区における下肢不自由者の生活環境評価と外出時のアクセス戦略」地理学評論 77, pp.133-156.
宮澤 仁（2006）「過渡期にある大都市圏の郊外ニュータウン－多摩ニュータウンを事例に－」経済地理学年報 52, pp.236-250.
宮澤 仁（2010）「郊外ニュータウンの現状と将来－多摩ニュータウンの事例から－」家計経済研究 87, pp.32-41.
Howard, E.（1898）: *To-Morrow: A Peaceful Path to Real Reform*. Cambridge University Press（Degital Remastered 2010）.
Kagawa, T.（2015）: The aged society in a suburban new town: What should we do?, in Hino, M. and J. Tsutsumi eds.: *Urban Geography of Post-Growth Society*. Tohoku University Press.
Perry, C. A.（1929）: *The Neighborhood Unit in Regional Survey of New York and Its Environs. Committee on Regional Plan of New York and Its Environs*.（ペリー C. A. 著, 倉田和四生訳（1975）『近隣住区論』鹿島出版会, 210p）.

※本研究の骨子は，IGU 2013 Kyoto Regional Conference（於．京都国際会館，8月7日）において"The Aged Society in a Suburban New Town: What should We Do?"のタイトルで発表し，本稿の一部の内容を Kagawa（2015）にも掲載しています．また本研究には，2012～15年度科学研究費補助金（基盤研究A「持続可能な都市空間の形成に向けた都市地理学の再構築」，研究代表者：日野正輝，課題番号：30156608）ならびに 2012～15年度科学研究費補助金（基盤研究C「成熟住宅地の持続的発展に向けた環境整備に関する地理学的研究」，研究代表者：香川貴志，課題番号：24520887）を使用しました．

第12章

郊外住宅地での歩いて暮らせるまちづくり

1. はじめに

　高度経済成長やその後に造成された郊外住宅団地では，急速な人口増加に伴って，小中学校の不足や上下水道サービスの供給困難，ゴミ処理の困難，不十分な公共交通の提供や交通渋滞発生などといった問題が続発していた。これらの問題は郊外化問題などとも言われ，全国各地の都市圏での発生がみられ，その対応方針などは地方自治体の選挙などで主要な争点になっていた。

　ところが，それから30～40年ほど経た昨今では，郊外住宅地で人口減少と居住者の高齢化が目立ち，それに伴う新たな諸問題の発生が指摘されている。例えば，人口減少による商業施設や医療機関などの閉鎖・撤退や公共施設の運営困難，通勤通学者の減少による公共交通の縮小，空き家や空地の増加による防犯・環境問題の発生，町内会活動などの担い手不足などである。同じ地域が30年程度の時間を経てまったく異なる，あるいは逆と言ってもいいような地域問題に直面している。

　この状況に対して，各地でコンパクトシティ化が提案されているが，その結果は必ずしも良好とは言えない状況にある。とは言え，今後の少子・高齢化のさらなる進行は郊外住宅地でのこれらの諸問題の拡大，深刻化を予想させる。そのため，コンパクトシティ化を含めたこれらの諸問題への取り組みは重要度を増すし，それゆえこれまでの施策の精査は重要性の高い課題である。本研究では，最初に青森市と富山市のコンパクトシティ政策を概観し，その課題を確認する。そのうえで，仙台市の郊外住宅地でみられる暮らしをめぐる諸課題の発生要因を概観し，そこでのまちづくりへの取り組みを見ていく。そのうえで，

都市のコンパクト化を実現する中で必要とされる事項を明らかにする。

2. 郊外住宅地でのくらしとコンパクトシティ

　わが国のコンパクトシティの代表的事例として，青森市と富山市が取り上げられることが多く，都市計画や地理学，社会学，経済学などの分野で数多くの研究報告がみられる。ここではこれらをごく簡単に概観し，現在指摘されている課題を示す。

(1) 青森市のコンパクトシティ化への取り組みと課題

　増大する除雪費負担問題を直接の契機として，人口がそれほど変わらない中で宅地，商業施設，公共施設等が郊外で立地展開する都市空間のあり方が問われ，1999年に青森市のコンパクトシティ化が具体化された。その基本は青森市郊外での開発抑制と既存市街地の整備促進である。具体的には，郊外での新たな大型店立地を抑制し，新たな郊外住宅地開発に対しては上下水道などのインフラ整備の協力をしない。また，造成開始から40～50年を経ている既存の郊外住宅地にある公営住宅は，建て替えに際してまちなかでの建設等を進めるとともに，郊外に居住する高齢者世帯と市街地に居住する子育て世代との間での住宅流動化の促進を試みている。

　市街地整備としてはにぎわい創出のために駅前再開発ビル・アウガの建設がある。このビルの地下には生鮮食品取扱いを中心とした87店舗が入居し，1～4階は主として若者をターゲットとするテナントを中心とする商業施設とし，5階以上は市立図書館などの公共施設が入居する。他にもにぎわい創出への取り組みとして，若手起業者に店舗を提供するパサージュ広場の整備，商店街での一店逸品運動やまちなかマーケットスクエアなどがある。まちなか居住の促進では前述の公営住宅建設のほか，JR青森駅前に医療施設・ケアハウスも入居するシニア対応型マンション「ミッドライフタワー」の建設をはじめ民間マンション建設を市街地で促している。

　青森のコンパクトシティ推進に際しては新幹線の新青森駅が市街地から4km余り東に新設された影響も考えられた。ただ，このことを別にしても，この計

画自体に対していくつかの課題を指摘することができる。まず，最大の課題は，郊外住宅地の今後のあり方であろう。青森市中心部への諸施設の集中促進は，都市空間それ自体の縮小が前提となる。郊外居住地をそのままにして，そこから離れた中心部への諸施設集中の促進は，郊外住宅地での生活を困難にする。にもかかわらず，郊外住宅地での対応は公営住宅のまちなかでの建て替えと郊外居住世帯と市街地居住世代の居住流動化である。つまり，都市空間の縮小は想定されておらず，むしろ公営住宅の移転に伴う郊外人口の減少が予想される。また，中古住宅市場が形成されていないために，郊外住宅地では人口減少と高齢化が顕著になっている。その結果，中心部での諸施設整備が進めば進むほど，高齢化の著しい郊外住宅地での生活の困難さが浮き彫りになる。

　また，市街地での事業のほとんどが，コンパクトシティへの取り組み以前に着手されたものという問題がある。事業の開始時期自体が問題なのではなく，目的の異なる事業を集めても，実現されるコンパクトシティの全体像が見えてこない。たとえば，アウガ地下の生鮮食料品店の顧客は地元住民と観光客からなり，上層の商業施設とは異なる。また，市立図書館をはじめとした公共施設も利用者層が異なるため，複合建物内での有機的・相乗的な効果が期待できない。まちなか居住促進も民間マンションの割合が高いので，市場任せになるとの不確実性がある。他にもいくつかの問題が指摘できるが，コンパクトシティと言う場合，何をコンパクトにするのかが問われなければならない。

(2) 富山市のコンパクトシティ化への取り組みと課題

　青森市のコンパクトシティ実現にとっては都市空間の圧縮が論理的前提となる（実際の計画ではそのようにはなっていない）のに対して，富山市のコンパクトシティはそれは前提にならない。富山市では目指す都市構造を「お団子と串」になぞらえて，商業をはじめとする諸機能が集積する拠点を公共交通整備によって結ぶまちづくりを想定している。

　富山市の特徴として，持ち家率の高さ（2008 年全国第 2 位）やそれを反映している DID 人口密度の低さ（40.3 人/ha で 2005 年に全国県庁所在都市中最も低密度）をあげることができる。このことは市民の移動手段として自家用車が高い割合を占めることを意味する。1 世帯当たりの自家用車保有台数は 1.72

台で全国第2位（2010年・富山県）で，『富山高岡広域都市圏パーソントリップ調査』によると，全移動目的での自家用車分担率は，1974年42.5%，1983年52.5%，1999年72.2%と推移している。その結果，いくつかの課題をもたらした。

　第一に，公共交通の衰退を加速させ，自家用車利用が容易でない場合には人々の移動が困難になる。そして，高齢化の進行に伴って移動困難者の増加が予想される。また，人口減少に伴って人口密度がさらに低密度化するならば道路や上下水道などの維持管理費負担や除雪やゴミ収集などの費用が割高になる可能性があり，中心市街地の空洞化もさらに加速する可能性がある。2002年から「コンパクトなまちづくり研究会」によるこれらの課題への対応検討がすすめられ，2004年に『富山市コンパクトなまちづくり研究報告書』が提出された。

　富山市のコンパクトシティの場合，LRTに話題が集中する傾向にあるがそれはバスなどを含めた公共交通体系整備のひとつに位置づけられる。むしろコンパクトシティ実現へのポイントは，公共交通沿線での地域拠点の整備であろう。基本的には徒歩圏を想定して商業施設や医療機関，行政機関などの整備を進め，それ以遠に対してはバス路線を通じて利便性を確保するとしている。また，各地域拠点にすべての機能をワンセットそろえることを条件とせず，ある地域拠点に立地しない機能があるならば，それへのアクセスは公共交通による他の地域拠点への移動によって利用機会を確保することになる。さらに，まちなか居住と公共交通沿線居住の推進，中心市街地活性化事業がコンパクトシティ実現の柱として描かれる。

　青森市とは異なるコンパクトシティ化を指向する富山市においても，その実現が順調というわけではない。まず，高い持ち家率の中でまちなか居住や公共交通沿線への移転が実現するかという問題が考えられる。富山市の資料によるとまちなか居住の実績は2005年7月から2009年7月までの間に374戸，公共交通沿線居住の実績は2007年10月から2009年7月までの間に303戸である。2009年9月の富山市の世帯数が159,836戸なので，前者は約0.23%，後者は0.19%にとどまる。つまり，DIDの低人口密度が急激に変わることを想定するのは難しいと言うことになる。

これを前提とするならば，生活基盤となる諸施設が立地する地域拠点に徒歩でアクセス可能な市民は限定される。少なくとも現在と同じ割合の市民が地域拠点にアクセスのためにバス利用を期待されることになる。しかし，実際には自家用車利用が多数を占めるので，その状況が大幅に変わることはないと思われる。その結果，公共交通沿線での生活の利便性が改善されたとしても，それ以遠の地域での変化は望めず，コンパクト化の実現は難しくなると予想される。

青森市や富山市の事例からも明らかなように，コンパクトシティ化推進の契機は様々である。ただ解決すべき課題として，郊外住宅地での生活環境の維持や中心市街地の活性化，施設整備・維持に関する財政負担の軽減，環境問題の改善などが共通にみられる。これらのうち，次節では郊外住宅地の生活環境をめぐる問題に焦点を絞って考察する。

3. 仙台市郊外住宅地の現状と問題解決への取り組み

仙台都市圏では高度経済成長開始以来，郊外住宅地の開発が続けられてきた。その詳細な検討は千葉（2012）に譲るが，初期の造成地では入居が始まって50年前後の年月が経つ住宅地もみられる。そのため，青森市でみられ，富山市で危惧された郊外住宅地での問題が仙台市でも指摘できる。まずこうした状況を概観し，そのうえで問題解決のための郊外住宅地での取り組みをみて，コンパクトなまちづくりを実現するためには，何をコンパクト化する必要があるのか検討する。

（1）仙台市の郊外住宅地の概況

仙台市は郊外住宅地の抱える問題を明らかにするために『仙台市郊外居住再構築検討調査報告書』（以下，「報告書」と略す）を2009年3月に公表している。ここではこの内容紹介を通じて郊外住宅地の概況を把握する。

「報告書」は仙台市内で1960年代後半ころから同一時期に一体的に開発された住宅団地81カ所を検討対象としている。これら郊外住宅団地の総面積は約6,281ha，人口は約38万人で，市街化区域全体のそれぞれ約35%と約39%を占める。住宅団地の分布は仙台駅を中心とする半径10 kmの範囲に多く，特に

北部から北西部と南部に一定の分布がみられる。また，造成時期は中心に近い住宅団地ほど古い傾向にあり，造成開始から20年未満の住宅団地は外縁部に多くみられる。郊外住宅団地居住者の高齢化率と居住経過年数は，基本的には相関関係を示す。そのため，居住経過年数29年以上の住宅団地47カ所中，42カ所の高齢化率は仙台市平均の17.7%を上回っている。

　このような郊外住宅団地での少子・高齢化や人口減少に伴う生活条件の変化を把握するために，「報告書」では郊外住宅団地を類型化している。類型化の基準は，都心からの方向・位置，生活圏などのまとまり，鉄道などの公共交通沿線との一体性であり，結果として8つに類型化した。その中から，軌道系交通が整備されている，もしくは整備が進められている住宅団地は移動の利便性から郊外住宅団地固有の問題が発生しにくいと考えられること，新旧の住宅団地が隣接・混在する地域では少子・高齢化などによる問題がみえにくいこと，事例の少ない類型では特殊事情が強く反映することから4類型を除外して，残りの類型の郊外住宅団地の中から具体的な検討対象を取り上げている。すなわち，(a) 住宅団地が既存の市街地から遠隔地にあるタイプ，(b) 軌道系交通の利用が困難で交通問題が今後の問題の一つとなる北西部に数多くみられるタイプ，(c) 比較的規模が大きいものの造成時期の古さから諸施設維持の問題などが顕在化しつつある北東部に多くみられるタイプ，(d) 軌道系交通体系まで距離があるので移動を中心に今後問題が顕在化するとみられる北部に多いタイプである。「報告書」では，それぞれのタイプのモデルとして，(a) 住吉台，(b) 中山団地，(c) 鶴ケ谷団地，(d) 松陵団地を取り上げている（図1）。

　これらのなかで，(c) 鶴ケ谷団地と (b) 中山団地は高度経済成長期に造成が始まり，前者は造成終了から39年以上，後者は36年以上を経ている。(a) 住吉台と (d) 松陵団地は造成開始が高度経済成長終了後であり，経年数は27年以上と23年以上である。いずれも人口減少がみられ，最も著しいのは (c) 鶴ケ谷の－12.3%（2000～2005年。以下同じ。）で，これに続くのが (d) 松陵団地の－8.0%であり，(b) 中山団地と (a) 住吉台は微減となっている。また，高齢化率では鶴ケ谷は34.6%，中山団地は23.5%で仙台市の平均を上回るのに対して，住吉台と松陵団地はそれぞれ7.9%，12.0%となる。このような郊外

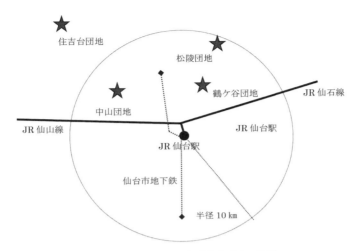

図1 検討対象とする郊外住宅団地の位置

住宅団地が直面している課題を，後述する中山団地を除き，ここで概観する。

鶴ケ谷団地の人口は約 12,300（2008 年）で，面積約 180ha の中に多くの公営住宅が立地する。住宅全体の持ち家率は約 40％（2005 年）にとどまる。また，住宅全体の 67.6％が築年数 22 年以上で，住宅の老朽化と世帯規模の縮小が進む中で，30 年以上住み続ける世帯が 4 割以上となり，空き家も年々増加している。中高層住宅区の一部で分譲マンション建設もみられ，若い世帯の流入がみられるものの，人口動向全体を変えるまでには至っていない。

団地内に小学校が 2 校，中学校が 1 校立地するが，小学校のひとつの児童数推移は減少の後，横ばい状態にあるが，残りの 2 校は減少している。商業施設や公共施設の立地は，団地中心に位置するセンター地区では維持されているものの，一部で用途転換や撤退がみられ，以前と比べ停滞感は否めない。特にサブセンターの機能低下は著しい。団地内に総合病院が立地するなど，医療施設は数カ所あり，近年は民間のデイサービスセンターや訪問介護ステーションも整備されている。

現在は買物難民の増加などの極端な生活困難は確認されないが，町内会の役員のなり手がいないなどコミュニティ維持に支障が出はじめている。人口状況

から将来の生活条件悪化が見込まれることなどから，アンケートでは4割弱の世帯が転居を希望する。

　面積約140haの住吉台は，ほとんどすべてが戸建て住宅で，持ち家率は95%を超える。2008年の人口は約8,200人で，人口のピークは2000年，その後はやや減少ながらも横ばい状態にある。世帯主は40歳代・50歳代が中心で，空き家等はほとんどみられない。団地内には小中学校が1校ずつ立地するが，児童・生徒の数は急増後に急減少した。具体的には2003年の5～14歳人口が約1,500人であったが，2008年には1,000人を切る状況である。居住者が特定年代に特化していることを明確に示している。

　この住吉台は，仙台市中心部から直線距離で10km以上あり，他の市街地からも遠隔地にある。公共交通はバスのみ（1日33本）で，自家用車依存度が高く，1世帯当たりの自動車保有台数も多い。そのため，生活利便施設は団地内幹線道路沿いに分布するものの，商業施設や医療機関などは住宅団地外の利用が多くなる。このような状況に対して，アンケートによると約4割の住民が将来の転居を考えている。それは，現在の生活に具体的な困難はみられないものの，将来における移動や買物・通院の困難や，それが同世代居住者の多さにより急速に現われるといった予測への防御反応といえよう。

　面積約120haの松陵団地は，2008年の人口は約6,800人で，人口のピークを1997年に迎えた後，緩やかに減少しつつある。世帯主は50歳代後半が多く，高齢化率は12.0%と高くはないものの，前期高齢者も漸増している。団地中央部に県営住宅が立地するが，持ち家率は88%と高い。ヒアリングによると団地内の中古住宅に対して比較的早期に買い手がつくことから，現在空き家問題は顕在化していない。

　団地内には小学校2校，中学校1校がある。小学校1校の児童数は継続的な減少状態にあり，他の小中学校の児童・生徒数は増加から減少に転じたところである。松陵団地の5～14歳人口は，2000年の1,200人強から2008年には500人強まで減少している。これに加えて，この団地では18歳を越した子供世代の流出が多く，世帯規模の縮小も指摘される。すなわち2000年の世帯規模3.54人が，2008年には3.04人となっている。

団地内の幹線道路沿いにスーパーや個人商店，金融機関が立地するが，医療機関は少ない。子供世代の減少による購買力低下のため，近年，商業施設の閉鎖が一部で始まっている。また，高齢の親を呼び寄せて同居する例もみられるが，住宅地内の福祉施設は一カ所のみである。これら商業機能や福祉サービスの低下に対する将来への不安が指摘されるものの，移転希望は2割程度にとどまっている。

(2) 中山団地での生活をめぐる諸問題とその対応

開発面積約180haの中山団地は，「中山ニュータウン」として1964年に地元民間開発業者により造成開始され，入居開始から40年以上を経ている。「報告書」によると，持家率は約60%であり，築22年以上の建物が70%近くを占め，住宅の老朽化が進んでいる。高齢化や世帯規模の縮小（2000年2.39人，2008年2.29人）が進むが，人口は横ばい状態にある。そのため，団地中央部の幹線道路沿いに形成された商店街機能は維持され，住民の買物行動における主要な対象地のひとつとなっている。空き家・空地は次第に増加しつつあるが，大きな地域問題として指摘されたことはない。むしろ，空き家のアパートなどへの建て替えが目立ち，単身者世帯の増加に寄与しているとの指摘も聞かれる。また，町内会役員の高齢化が目立つものの，活動それ自体は比較的順調に進められている。

鶴ヶ谷などでみられた商業機能をめぐる不安はないものの，大規模な病院は存在せず，医療機関は複数の診療所があるだけである。また，住宅団地全体が急な斜面にあるため，高齢化の進捗に伴って，歩行を含む移動の問題が深刻になるとみられている。さらに，公共交通機関はバスのみで，JR仙台駅方面に向かう本数は1日当たり126本（片道，2008年）で，すべてがより北に位置する大規模住宅団地を始発とする。そのため，ラッシュ時にはバスが中山ニュータウンに来る時には，すでに満席状態であることが少なくない。この結果，高齢者の乗車での支障発生や，朝の出勤時間帯に通勤通学客が乗車できないこともあり，交通・移動に関する不満・不安は大きい。ただ，全体としてみるならば，他の郊外住宅団地と比べて生活をめぐる困難性は少ない。

図2は中山団地の地区別人口推移である。住民総数はこの間，1985年から

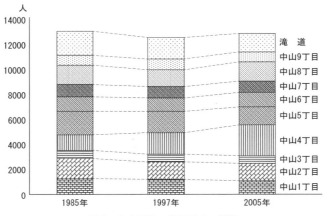

図2　中山団地の地区別人口推移

1997年にかけて624人減少したものの，1997年から2005年にかけては319人増加した。ただ，これは地区ごとの相違が大きい。中山1丁目，2丁目，5丁目，7丁目，9丁目，滝道ではこの間にも人口減少が続いている。しかし，中山3丁目，6丁目，8丁目ではほぼ横ばい状態，4丁目は1985年の1,276人から2005年の2,476人へとほぼ倍増した。つまり，中山団地の多くの地区では微減状態にあるが，4丁目で大幅な人口増加がみられた結果，団地全体としては横ばい状態になっていると理解できる。

中山4丁目には1967年に短大が開設されたが，1989年に移転した。跡地には銀行研修所と6棟500戸弱のマンションが建設された。3丁目，6丁目，8丁目でも，4丁目ほどではないがマンションを含む集合住宅の建設がみられる。他にも国家公務員宿舎や東北大職員宿舎，東北電力の社宅などが散在する。このマンション等の入居世代は30〜40歳代が多く，児童・生徒も多い。そのため，団地内に各1校ずつ立地する小中学校は，かつては児童・生徒数の減少が顕著であったものの，現在は横ばい状態である。

このことは団地内での高齢化率の地域的相違として現れる。図3にみられるように団地全体の高齢化率は，1989年の8.3％が2005年には20.7％となり，仙台市平均17.7％を上回っている。これを地区別でみると，仙台市平

均を大きく上回るのが滝道（27.3％），3丁目（27.0％），2丁目（26.0％），6丁目（24.7％），1丁目（24.5％），9丁目（23.7％）である。仙台市平均とほぼ同じであるのは，7丁目（18.4％），5丁目（18.3％），8丁目（16.4％）で，平均を大きく下回るのは4丁目（12.4％）となる。4丁目は15歳未満人口が535人で，

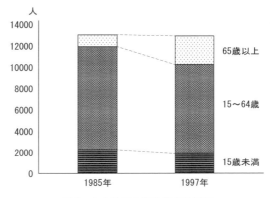

図3　中山地区の年齢構成の推移

4丁目人口の21.6％とその割合も多い。そのため，仙台都市総合研究機構（2002）によると2002年の中山小学校児童総数約600人中，198人が4丁目居住者である。他方，初期に造成された1丁目〜6丁目は起伏の多い丘陵地を切り崩して造成した傾斜地が多く，傾斜角6度以上の急坂もみられる。中山地区平成風土記作成委員会（2006）によると，坂道の多いこれらの地区に高齢者が多く居住しており，高齢者にとって坂道が日常生活の障害になっている（写真1，2）。

仙台都市総合研究機構（2002）によるとこれらの居住者の購買行動は，90％が地元商店街を「よく利用する」「時々利用する」とアンケートに回答し，「満

写真1　中山団地内の坂道（1）　　写真2　中山団地内の坂道（2）

足」が18％，「まあ満足」が56％である。具体的な利用対象は，生鮮食品，理美容，灯油で多く，これに次ぐのは日用雑貨である。ただ，日用雑貨は地元商店街よりも中山団地北に位置する環状線沿いの大型店・ロードサイドショップでの購入割合が上回っている。また，外出着や外食においても環状線沿線の店舗利用が多い。このような購買行動の最大要因は，外出着や外食では「欲しい商品があるから」，生鮮食料品と理美容，灯油では「近くにあるから」，日用雑貨では「一括購入ができるから」となる。地元商店街は最寄り品を購入する典型的な近隣商店街と住民に位置づけられていることが理解できる。

　このような地元消費者の買物行動を背景に，商店街自体は現在も機能を維持している。店舗等の分布は中山地区平成風土記作成委員会（2006）によると「中央幹線に沿って約1.3kmに最盛時に約85店が並んでいた」との記述がみられる。ただ，2007年の都市計画基礎調査によると，この地区の商業施設は，専用と併用を合わせて152棟である。2014年時点では団地内にスーパーマーケット3店舗のほか，薬局やクリーニング店，花屋などが立地し，飲食店数の多いのが特徴といえる。ここでは周辺での高齢者の増加もあり，配達サービスなど広がりもみられる。他には銀行やその研修施設，電力会社の研究開発センターや公共施設なども立地する。

　このような中山団地の居住環境は，住民意識にも反映されている。仙台都市総合研究機構（2002年調査）によると，自然環境や公園や緑の多さ，自然災害に対する安心などの項目で，「満足」と「まあ満足」の回答が70％を超えている。また，買物などの日常生活の便利さも78.2％と高い満足度を示す。他にも，学校等の教育環境（67.0％），防犯上の安全性（56.2％），交通事故からの安全性（53.7％），病院や診療所の利用しやすさ（55.4％）などの割合が高い。なお，公共交通に関しては，必ずしも高い満足度にないと想像できるが，調査によると通勤や通学の利便性が56.1％，さらに公共交通機関の利用のしやすさが54.4％と，比較的高い満足度になっている。ただ，これらの項目に関しては「少し不満」と「不満」の合計も，それぞれ39.1％と42.8％あり，年齢や自家用車運転の可否などによる相違が大きいと推測できる。なお，不満の回答が大きいのはスポーツ施設や文化施設などの利用しやすさや休日・夜間などの救急医療

体制である。

(3) 郊外住宅地存続のための要件

　仙台市の郊外住宅地の中から検討対象とした4タイプを比較するならば，タイプ(a)住吉台，タイプ(c)鶴ケ谷団地，タイプ(d)松陵団地と比べて，タイプ(b)中山団地では居住環境の極端な悪化を確認することはできない。無論，生活条件に関して，坂道の問題や公共交通利用に関する問題，夜間・休日医療体制に対する不安などの課題が無いわけではない。しかし，商業機能に対する満足度の高さをはじめ，他の郊外居住地と比べて将来に対する不安も小さいようにみられる。

　(c)鶴ケ谷団地の場合，人口減少と高齢化を背景として将来の商業機能の低下が想定される。また，町内会などのコミュニティの維持が難しくなりつつある。対策として中古市場を通じての子育て世代・若年層の住み替え流入を掲げるものの，住宅それ自体の老朽化がそれを困難にしている。(a)住吉台の人口は現在横ばいで推移しており，生活をめぐる諸問題が顕在化しているわけではない。けれども，鶴ケ谷でみられたのと類似の問題が将来発生する可能性が大きいと考えられる。居住者の年代がほとんど同世代であり，高齢化が急速に進展すると見込まれるためである。それに加えて，既存市街地から遠隔地にあり，公共交通が便利とは言えない状況は，問題をより深刻にする可能性も考えられる。(d)松陵団地の場合は，人口構成も問題発生の将来可能性も，住吉台と類似の状況にある。ただ，「報告書」に示されるように住宅の中古市場は比較的順調であり，住吉台や鶴ケ谷よりも人口流動が活発との指摘がある。このことからか，松陵での将来の移転希望者は鶴ケ谷や住吉台よりも低くなっている。

　中山団地では居住人口や年齢構成の維持に大きく寄与しているのは4丁目を中心としたマンションへの転用とそこへの子育て世代・若年層の入居である。また，公務員宿舎などの賃貸住宅も特定世代の継続的居住とは異なる住民の存在に寄与していると考えられる。これらの居住者数やその年齢構成が，商業機能や公共施設などの生活諸条件の維持・存続に影響しているとみることができる。中山団地と鶴ケ谷，住吉台，松陵との相違を特にここに見出すことができるであろう。一般的に商業立地論において商業機能などの存続のためにはその

補完地域に一定の消費者が存在することが不可欠となる。つまり，特定年齢層に特化しない一定の居住者数の存在が，商業機能や公共施設など生活利便施設を維持存続できる前提になる。一定数の居住者の存在が郊外住宅地での生活諸条件を維持し，歩いて暮らせるまちづくりの大前提になると考えられる。そのためには，持ち家による住民の固定化ではなく，中古住宅市場の活性化や老朽化した住宅のリニュアル促進，さらには様々な賃貸住宅の存在などが必要になるとみられる。

4. 歩いて暮らせるまちづくりとコンパクトシティの方向性

郊外住宅地での生活をめぐる諸問題の発生は，直接的にはその居住人口の増減やその構成の変化に由来すると考えられる。30年ほど前にはこれが急激な人口増加によってもたらされ，そして今日では人口減少と高齢化によって問題が引き起こされつつある。この問題への青森市や富山市などでのコンパクトシティ化への取り組みは，現在，必ずしも期待通りの結果がもたらされたとは言えない状況にある。それぞれへの全般的な評価ではないが，2.では青森市の場合には既成市街地の縮小を伴わない諸施設の中心部への集中が，結果として郊外住宅地，既成市街地周辺部での生活の困難を増大させたと指摘した。また富山市の場合には，地域拠点間のアクセスを整備しても個々の地域拠点へのアクセス確保が不透明であることや，それぞれの地域拠点で必要な機能がワンセットそろわないことなどを課題として指摘した。

郊外住宅地での暮らしを考えた場合，必要となる最低限の機能がワンセットそろうことは必要である。それは公共施設，教育施設，商業機能，医療機関などがあるが，具体的には地域により，時代により異なるであろう。ただ，日常生活に不可欠な機能が居住地の中に整備されていることは地域社会維持の最低限の条件になる。そして，これらの諸機能を維持存続するための居住者数の確保がコンパクトシティ化の中で求められることになる。

今日の人口減少を前提とするならば，人口増加時に拡大した郊外住宅地を前提としたコンパクトシティは困難であろう。となると，中山（2010）や松永・

徳田 (2007) のいう計画的な都市縮小や「減築」を念頭に置いた取り組みが必要になる．つまり，郊外住宅地をすべて存続させるのではなく，いくつかの郊外住宅地から他の郊外住宅地に居住を集約することによって，諸施設維持のための住民を確保するとともに，広域に広がった公共交通や上下水道などのインフラ維持の費用負担の軽減を図ることが必要であろう．

　郊外住宅地での居住環境の再生・維持を含めたコンパクトシティは，今後の人口減少社会の中では選択肢の一つとなる．とはいえ，その具体的内容や実現のために想定されうる期間などについては，まだまだ検討内容が多く残っている．

（千葉昭彦）

〔参考文献〕
仙台市都市整備局（2009）『平成20年度仙台市郊外居住再構築検討調査報告書』．
仙台都市総合研究機構（2002）『地域商店街と地域コミュニティの活性化に関する事例研究（その3）』．
千葉昭彦（2007）『青森市におけるコンパクトシティ政策の検討』平成16～18年度科学研究費補助金基盤（A）(1) 研究成果報告書（研究代表者：藤井　正）社会経済構造の転換と21世紀の都市圏ビジョン－欧米のコンパクトシティ政策と日本の都市圏構造－，pp.126-135.
千葉昭彦（2012）『都市空間と商業集積の形成と変容』原書房，262p.
富山ライトレール記念誌編集委員会（2007）『富山ライトレールの誕生』鹿島出版会，111p.
中山地区平成風土記作成委員会（2006）『仙台・青葉区中山地区平成風土記』中山学区連合町内会．
中山　徹（2010）『人口減少時代のまちづくり－21世紀＝縮小型都市計画のすすめ－』現代自治選書，194p.
松永安光・徳田光弘（2007）『地域づくりの新潮流』彰国社，241p.
山本恭逸（2006）『コンパクトシティ－青森市の挑戦－』ぎょうせい，164p.

第13章

ビジター産業を活性化するコンパクトなまち

1. ビジターを惹きつけるコンパクトなまち

　日本は，「工業立国」「貿易立国」「経済立国」と，高度経済成長期を経て発展してきた。そして，「成長の時代」から「成熟の時代」へ移行する過程で，地域を取り巻く環境とともに地域の成立基盤や構成要素が変化し，地域形成のあり方を根本から問い直す必要が生じている。

　かつての産業構造は，重化学工業，家電，自動車，電子機器といった"もの"づくりが中心であった。しかし，情報化の急速な発展と経済のグローバル化，価値観の多様化を経て，産業競争力の源泉が設備や資産などの目に見える資源から，アイデアやノウハウ，コンテンツ，ビジネスモデルなどの目に見えない資源に移行してきた。特に，観光産業や情報産業，サービス産業など，業種の枠を超えた横断的な産業の発展は目覚しく，知的資源を享受でき，時間的余裕を楽しむような，"人間の豊かさ"を追求するこれらの産業がますます重要視されている。

　他方で，人口減少が急激に進むなか，交流人口を活かした産業がこれからのまちづくりには不可欠になっている。中心市街地の再生にも，単に商業のみならず，観光，ビジネス，視察研修など，広範な意味でのビジターを顧客とすることが求められる。国における新しい中心市街地活性化の方向性も，商業中心から様々な機能が集積・結節する空間形成に変化した。それは，コンパクトな中心市街地形成に通じるものであり，行財政運営的に効率のよいまちづくりを目指したものである。

　歩いて暮らせるコンパクトな中心市街地が形成できれば，高齢者を含めた地

域住民にとって暮らしやすいまちとなり，地域外から集まった人々も移動しやすい。様々な都市機能が適正な密度の中で集積した空間では，人・モノ・金・情報の行き来が容易となり，それぞれが相互に作用してビジター産業の基盤が醸成される。さらに，ビジター産業が成長すれば，それがコンパクトな都市の新たな側面として，次なる交流や魅力を生み出すと考える。

そのためには，交通体系を自家用車中心から徒歩・公共交通中心へ転換を図り，誰もが安心して交流できる条件を整備すると同時に，多様なビジターを惹きつけ，ビジターが交流しやすい魅力ある空間形成が求められる。

2. ビジター産業と中心市街地の再生

「成長の時代」から「成熟の時代」へ大きく転換するなか，リーディング産業として期待されるビジター産業は，宿泊，飲食，航空，道路，水上交通，旅行会社等の観光に関連する直接的な産業に加え，ビジターに依存する小売店，レジャー産業，娯楽，金融・保険を含めた総合的な産業群と定義される[1]。また，ビジターとは国内外からの観光だけでなく，ビジネス・コンベンション等を目的に訪れる人々，留学・研修・学術研究等を目的に滞在する人々，市民であっても広域的なショッピング，文化，社会等の訪問者としての活動を行う人々すべてを指している。これは，従来の名所探訪型から体験・休養・レジャー・癒し型へとビジターの行動形態が多様化する中で，いわゆる「観光目的」ではない人も地域を訪れ，自然や施設を利用することが多くなり，それに伴い，消費行動やサービス・商品が生まれていることによるものといえる。つまり，ビジターの交流拡大による交流人口の増加に伴い，地域への来訪目的も多様化することになり，ビジター産業はより広義に定義されるものと考えられる。

以上を踏まえると，ビジター産業は，①集客・交流の目的となる地域資源を基にした産業，②集客・交流の目的を実現させる産業，③目的（地域）に付加価値を与える産業（集客・交流を促す産業）に区分することができる（図1）。ビジター産業が発展することは，外貨の獲得や労働吸収力の向上などが期待されるが，より注目すべきことは，人・モノ・金・情報が行き交うなかで新しい

図1　ビジター産業の概念図
(国土交通省国土計画局「ビジター産業の概念」2005をもとに筆者作成)

文化や産業を創造する可能性を秘めていることである。

　これまでの中心市街地再生の取り組みは，郊外に進出した大型ショッピングセンターへの消費行動の流れを中心商業地に取り戻すべく，中心商店街の活性化を重視したものであった。しかし，商業中心性の再生だけでは，郊外商業集積を凌駕できない段階にある。商業中心性とともに地域資源と融合した，新たな都市再生政策を見出す必要があり，ビジター産業開発はその一つといえる。

　地域資源は，その地域の文化に根付いたものであり，地域の個性を象徴するものである。また，ビジターは自分の生活空間にはない"非日常性"に強く惹かれる。感性が鋭く，センスのいい人々が集まるのはお洒落な街であったり，文化的空間であったりするだろう。お洒落な店や文化的空間は個性的な街角にあると期待し，郊外の大型店ではなく，歴史的風情が感じられる町屋の並ぶ街区や，水辺や公園沿いなどのちょっとした空間でも，しっとりとした美しさのある場所などを探すだろう。それは，これまで訪れた他都市での経験から，ショッピングセンターやオフィスビルのように没個性の建物が並ぶ街ではな

く，近代建築や古い町屋が並ぶ場所にこそ面白い場所や癒しの空間があることを感じ取るからである。実際，町屋や近代建築を再生して店や事業所を構える新規事業者の事例も多く見られるようになった。このように，その地域の生活者にとっての"日常性"は，ビジターにとっては非日常性を感じさせるものであり，地域そのものが観光資源となり得る。

　これからの中心市街地再生のためには，ビジターを意識したまちづくりが求められ，たとえ規模は小さくとも利便性と質の高さに優れ，訪れたビジターが非日常性を体感し，互いに新たな交流を可能にする都市空間への再構築が必要となる。そのためには，地域の生活者が地域資源の大切さや地域アイデンティティを再認識するとともに，自らが誇れる地域にすることが重要である。こうしたことが，ビジター産業を含めた，ビジターの交流を支える仕組みや基盤を整備することに繋がると考える。

3. 館林市における地域資源を活かしたまちづくり

　ビジターが地域に来訪する目的が多様化するなか，その地域での暮らしぶりがビジターを吸引する地域資源（観光資源）となる。群馬県館林市を例に，ビジター産業の活性化を支える日常性と地域資源を活かしたまちづくりを考察してみたい。

(1) 館林市の概要

　館林市は7.8万（2013年末）の人口を有し，群馬県の南東部に位置する地方都市である。渡良瀬川を隔てて接する栃木県をはじめ，埼玉，茨城など北関東の各県に近接している。また，首都60km圏に位置し，東京都心とは東武伊勢崎線の特急や東北縦貫自動車道の利用により約1時間で結ばれる。

　館林市の中心市街地は，近世館林城下町を起源としており，市域の中央部の洪積台地上に形成され，それらを取り囲む沖積低地や谷底平野には農用地が広がり，大小の池沼も点在する。

　近世館林城下町を建設したのは，高崎藩の井伊直政と並ぶ徳川四天王の一人，榊原康政（10万石）である。日光脇往還を南北の都市軸としながら城下町全

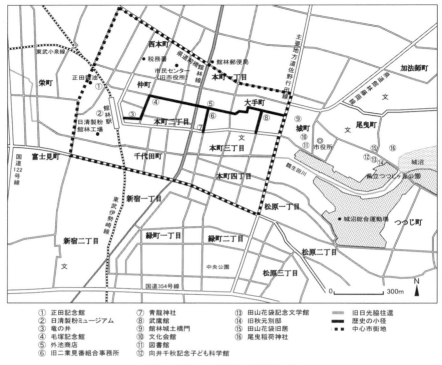

図2　館林市市街地図（筆者作成）

体を土塁と堀で囲い込む「総構え」の城下町を完成させた。近世城下町を囲い込む特異な土塁や城門は，館林の発展に対する都市壁として近代移行期まで存続した。これらが基礎となって現在の館林市中心市街地は形成されている。

　現在の館林市の中心市街地は，近世館林城下町当時の道路を踏襲し，中央を旧日光脇往還に沿って県道前橋館林線（以下，本町通り）が南北に走り，東西方向には，館林駅から館林停車場線（以下，駅前通り）が伸びる（図2）。駅前通りは1907（明治40）年の東武鉄道の敷設に伴い，土塁の南側部分を切り崩し，鶴生田川が城沼へ流れ込む低地を避けて舌状台地南端の崖線ぎりぎりに造成された。こうして，タテとヨコの都市軸からなる都市構造が形成された。

　現在，本町通りと駅前通りの交差点を中心に半径約500mの範囲に商業機能

が展開しており，比較的コンパクトな中心市街地を形成する。また，中心市街地には防衛を重視して設計された狭く屈曲した城下町特有の街路が随所にみられ，土地の形状も「うなぎの寝床」と呼ばれる短冊型が多い。他方で，駐車場設置の難しい店舗が多く，モータリゼーションへの対応が遅れた。そのため，郊外に進出した店舗の影響を強く受け，中心市街地の空洞化が加速したと考えられる。このことは，この地区に空き地や空き店舗が多くみられることからもうかがえる。

中心市街地の東部は，かつて館林城の本丸，二の丸，三の丸があった地区である。この館林城跡と自然の要害であった城沼周辺には，現在，県立つつじが岡公園や市役所をはじめ，文化会館や図書館，三の丸芸術ホール，県立館林女子高校，向井千秋記念子ども科学館などの公共施設が集積立地し，館林市のシビック・コアを形成する。また，館林城の郭跡は市役所東広場として多目的に使用される。これらの公共施設や緑地，オープンスペースが郊外に分散することなく中心市街地に多く立地することは，館林市の特徴であり，市民はもとよりビジターにとって魅力的都市環境になっている。

(2) 館林市に来訪する観光客の行動

次に館林市中心市街地の非日常性について，館林市を訪れるビジター・観光客の視点で考察してみたい。館林市を訪れるビジターの多くは，国指定名勝「躑躅ヶ岡（ツツジ）」の開花シーズンに観光目的で来訪する。県立つつじが岡公園の入園者数はツツジの開花時期だけでも19.8万人（2010年）にのぼり，中心市街地も1年のなかでこの時期が最も賑わう。市民ボランティア団体が中心市街地で実施した来訪者アンケート[2]による来訪者の居住地は，東京都が31.7％で最も多く，次いで埼玉県の25.7％となる。東京・埼玉に千葉・神奈川を加えると83％に達し，東京圏から集客が圧倒的に多い（表1）。その反面，東京方面以外の隣接県である栃木・茨城の合計は6％に過ぎず，この地域からの集客が課題といえる。

群馬県内からの集客は全体の10.9％で，その多くは館林に隣接する自治体居住者である。なお，館林市民の回答者は1％に過ぎず，来訪者アンケート結果は非日常的行動をする他地域居住者の意見と見なせる。

表 1　来訪者の居住地

	回答項目	人	%
1	館林市内	1	1.0
2	群馬県内	10	9.9
3	栃木県	5	5.0
4	埼玉県	26	25.7
5	茨城県	1	1.0
6	東京都	32	31.7
7	千葉県	17	16.8
8	神奈川県	9	8.9
	回答者数	101	100.0

表 2　来訪者の来訪回数

	回答項目	人	%
1	市内在住者	1	1.0
2	初めて	65	64.4
3	1年に2〜9回	24	23.8
4	1年に10回以上	2	2.0
5	1か月に数回	3	3.0
6	1週間に数回	2	2.0
7	回答なし	4	4.0
	回答者数	101	100.0

注）表1，表2とも，まちづくりを考える研究グループの聞き取り調査（2010年）による。

　来訪者の64.4%は初めての館林来訪である。しかし，1年に2〜9回来ている人が23.8%にのぼり，ツツジの花鑑賞を主たる来訪目的とする人が多いなか，域外からかなりのリピーターも存在する（表2）。

　回答者の属性を見ると，男女比はそれぞれ，男性1（32.7%），女性2（67.3%）の割合である。また，年齢は10〜30代が12.9%，40代が16.8%，50代が43.6%，60代以上が17.8%と比較的高年齢層の回答が多い。そのため，利用交通機関も鉄道が92.1%と圧倒的に多くなっている。公共交通を利用して来訪するビジターは，東武鉄道館林駅と県立つつじが岡公園との中間に位置する中心市街地のまち歩き観光を一体の空間として楽しむ実態があるとうかがえる。

　他方で，県立つつじが岡公園で同時期に実施した来園者アンケート[3]によると，来園者の利用交通機関は自家用車が75%を超え，中心市街地で実施した来訪者アンケート結果とは大きく異なる。自家用車で来訪するビジターの多くは，東北縦貫自動車道館林ICから直接，県立つつじが岡公園にアクセスするとみられ，中心市街地へ足を伸ばさない状況にある。つまり，自家用車で来訪するビジターにとっては県立つつじが岡公園一帯の「観光」空間と，まちの顔・「生活者」空間として営まれてきた中心市街地は別空間であり，両空間における回遊性がみられないと考えられる。

　今日ではライフスタイルの変化によって，ゆとりや潤いのある快適な生活を重視する人々の意識の高まりや価値観の多様化，生活様式の個性化が見られる。

これに対応して観光形態は団体型から個人・グループ型へ，観光目的は「見学型観光」から「参加体験型観光」へ変化してきている。これからは，地域全体が観光資源であるという考え方のもと，伝統文化，歴史的街並み，自然，地場伝統工芸等の地域資源を有機的に結びつけ，「観光」と「生活者」の空間を二項対立ではなく一体的に捉え，観光に付加価値を与える方策を見出すことが求められる。

(3) 地域資源を活かしたまちづくり

館林市ではビジター獲得にむけた中心市街地活性化の取り組みが，官民協働で行われている。この官民協働のまちづくりの動きは，2000年から活動開始した「まちづくりを考える研究グループ」(以下，まち研) に始まる。中心市街地の再生を目指すとき，これまでの行政主導の計画づくりから市民が考え実行するまちづくりへ転換することが必要である。その認識に基づき，市民の中からまちづくりに興味のある人材を発掘し，市民グループを立ち上げることになった。

館林市は中心市街地について思うことのレポート提出を応募条件にして，18歳以上でまちづくりに関心のある人を募集した。その結果，想定を上回る50名の応募があり，大学生から主婦，建築士，商店主，定年退職者，市職員など多種多彩のメンバーが集まった。提出されたレポートに基づき5グループに編成し，半年にわたって会議や勉強会を重ねた。その集大成として公開まちづくり提案発表会を開催し，グループ毎にまちづくり方策が提案された。

この活動を基礎に，その後もグループ単位の活動が継続されてきた。現在は，①道路と町並みを考えるグループ (ロマンロード)，②商店街を中心に魅力ある商店を考えるグループ (チュンタン)，③中心市街地内を流れる都市型河川の鶴生田川の親水を考えるグループ (花水木)，④生活者にとって住みやすい居住環境を考えるグループ (ガイトーメイファ) の4グループに再編されている。そして，これらの活動に対して市長部局や教育委員会，商工会議所が支援事務局となり，他の市民活動団体が互いに連携・協力する。支援事務局は月1回開催されるリーダー等会議への参加，他団体との関係の仲介，行政内部における調整など後方支援している。また，関係市民活動団体と連携しながらイベ

174 生活・産業を支援するコンパクトなまちづくり

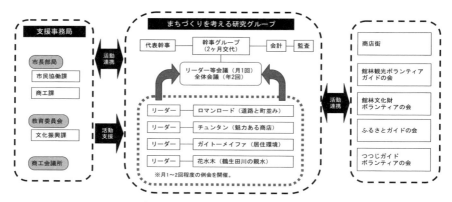

図3 まちづくりを考える研究グループの組織図（筆者作成）

ントの共催や,会議を開催して共通課題の解決に向けた活動をしている（図3）。

　まち研の活動グループのうち,まちなかの道路と町並みをテーマに活動するロマンロードは,閑散とした中心市街地から歴史性に裏打ちされた,賑やかな中心市街地にするべく,館林駅から県立つつじが岡公園まで歩けるモデルルート「歴史の小径」を提案した。この提案は,行政の施策にも反映され,まちづくり交付金の活用により整備されている。さらに,歴史の小径を活かすために,①館林駅前の観光案内所及び案内板の設置,②案内板・石畳等による市街地整備,③ウォーキングマップの作成,④歴史的建造物の保存・利活用を掲げた。

　①〜③は,中心市街地の回遊性を向上させるための環境整備の一環である。城下町を起源とする館林市中心市街地には,歴史の風情を感じさせる町屋や近代建築が多く点在しているものの,城下町特有の街路構成により,その所在が分かりにくく,楽しくまちなかを散策できる環境を整備することが課題であった。そのため,「歴史の小径」を中心に,館林に訪れるビジターを中心市街地に吸引するとともに,城下町の風情を感じられる景観形成のために案内板や石畳等による街路整備を提案したのである。

　一方で,ロマンロードメンバーは住民自身でできることを考え,まち歩きに特化した「まちなか散策ガイド」を作製した（写真1）。そして,毎年,ツツジの開花シーズンに館林駅前でまちなか散策ガイドを配布し（写真2）,歴史

の小径でまちかどお茶屋を開催している（写真3）。これらは，館林に訪れるビジターを意識し，まちなかを楽しく散策できるような仕組みの整備によって，中心市街地の回遊性向上を目指したものである。

また，他地域から来訪するビジターに，外からの視点で中心市街地の魅力ある地域資源を評価してもらうことによって，内なる地域住民の地域資源に対する意識を変えたいという狙いがある。その結果，歴史の小径沿いの店舗が，まちなか散策ガイドの設置や城下町の旧町名を表記した千社札の店先掲示に協力するようになった。また，徐々に地域住民の意識も変革しており，ロマンロードの活動は中心市街地の回遊性向上等に意義深いものとなっている。

他方で，これらの活動の持続性や次なる展開を考えたときに課題が残る。それは，マンパワーの不足である。まち研が設立してから10年余りが経過している現在，新たな活動メンバーの入会がなく，組織の新陳代謝が図られていない状況にある。そこで，ロマンロードでは，歴史の小径に関わるまちづくり団体と歴史の小径サミットを年2回開催し，ま

写真1　まちなか散策ガイド

写真2　駅前でまちなか散策ガイドを配布するメンバー

写真3　まちかどお茶屋で案内する様子

写真4　歴史の小径サミットで議論する参加者

ちなかの歴史的建造物の保存と利活用のあり方や観光ガイドのあり方等について議論を重ねている（写真4）。サミットにおける様々な議論の過程で，お互いに意思疎通が良くなり，共通理解が図られてきている。その成果として，駅前でまちなか散策ガイドを配布する際に，観光ボランティアガイドとより密に連携することが可能となった。こうした地域住民の議論と行動の積み重ねが，魅力ある地域形成の基礎となり，まちづくりの裾野が広がるきっかけとなると期待される。

4．ビジター産業を活性化するコンパクトなまちを目指して

　形態的・機能的に明確な都市構造を有するコンパクトなまちは，地域住民にもビジターにも優しいまちであると言える。都市の機能がコンパクトに集約され，公共交通などで移動の利便性が確保されていれば，ビジターは来訪地での目的を無駄なく果たすことができ，地域住民には日常生活の利便性が高まる。また，まちづくりのコンセプトや方向性が明確に示された地域は，ビジターにも地域住民にも，地域の構造について理解しやすくなり，各地域の個性を最大限に発揮することにつながる。

　このようにコンパクトなまちを基盤として，ビジターと地域住民の双方で，日常と非日常を上手に共有できれば，魅力ある地域が形成される。

　その際，両者の接着剤となるのは，各地域の歴史や風土の中で醸成された「アイデンティティ」に他ならない。地域資源は，アイデンティティを象徴する存在として，地域住民にとっては誇りや心の拠り所であり，ビジターにとっては，新たな出会いや発見の対象である。ビジター産業とは，地域資源をビジターと地域住民の双方で共有する架け橋の役割をするものと言える。

ビジター産業の育成には，まず地域を知り，地域の課題に対して行動を起こす地域住民が不可欠である。館林市の場合，都市構造としてはコンパクトに集約されているものの，ビジターが縦横無尽に活動できる環境の整備には今一歩至っていない。しかし，地域住民が主体となり，生活者空間の質の向上とビジターをもてなす気概をもって，地域の活性化に取り組んでおり，この活動の中から新たなビジター産業の育成が期待される。

　今後は，日常と非日常，ビジターと地域住民などこれまで対立構造にあった異質なものが，地域の中で融合し共有することで，新たなビジター産業が創出され，その産業が地域に新たな富をもたらし，相乗効果を生むものと考えている。

（鈴木　誠）

〔注〕
1) 石森秀三（2000）『ビジター産業に進路をとれ－日本・年再生への提言－』日刊工業新聞社，pp.11.
2) 中心市街地活性化を目的として活動する市民活動団体まちづくりを考える研究グループロマンロード班が，2010年4月に毛塚記念館（登録有形文化財）で開催した，まちかどお茶屋の来訪者から聴き取り調査を実施した．
3) 調査時期は，2010年のゴールデンウィーク期間に「シャッター押しますボランティア」に筆者が参加した際に同時に実施した．このボランティアは，館林市役所職員有志が中心となって公園内で毎年実施しており，来園者が写真撮影する際にカメラのシャッターを押す手伝いをするもの．調査は，聴き取り方式により筆者が実施し，有効回答数は，来園者から86サンプルを得ている．

<コラム>

神戸ファッション・ストリート「栄町・乙仲通地区」
－都心業務地区のコンパクト化と個性化－

　神戸市における都心業務地区の一部を構成する栄町・乙仲通地区は，旧居留地の西隣に位置する。かつて市電の通過した栄町通の地下には，2001年7月開業の神戸市営地下鉄海岸線が東西に通じ，乙仲通は栄町通の一筋南側を東西に結んでいる（図1）。

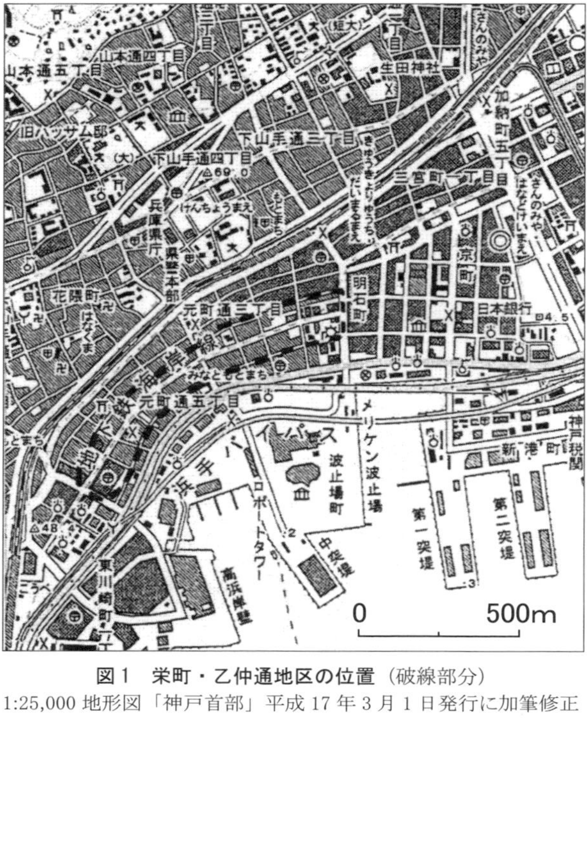

　栄町通は明治期以降，銀行や保険会社が軒を連ねる神戸の一大金融街を形成した。しかし，第二次大戦後の1960年代頃から国鉄（現JR）三ノ宮駅周辺に小売商業機能や企業オフィスが集積を始めたことにより，銀行の支店なども三宮地区への立地が進み，栄町通の金融街としての優位性は次第に低下した（藤岡，1983）。また，バブル経済崩壊後の景気低迷や阪神・淡路大

図1　栄町・乙仲通地区の位置（破線部分）
1:25,000 地形図「神戸首部」平成17年3月1日発行に加筆修正

震災による経済的打撃，その後の「日本版金融ビッグバン」や1997年に発生した金融危機などにより，金融・保険業界は支店網の統廃合を急速に進め，栄町通に立地した銀行支店の多くは整理された。跡地には2000年代半ば頃から高層マンションが相次いで立地して，人口の都心回帰の受け皿となる。金融機関が入居していた中層のレトロビルにはファッション・ショップが入居するなど，金融に特化したかつての業務街は商業や高層住宅の混在する地区に変容している（古賀，2014a・b）。

　他方，第二次大戦前に海運貨物取扱業など乙種仲立業者の事業所が集積したことから名付けられた「乙仲通」でも，90年代の景気低迷や大震災による港湾機能の弱体化などにより，貿易や海運関係の零細なオフィスは閉鎖や移転を余儀なくされた。

　1990年代末から2000年代に入ると，こうして生じた古い空きビルに，雑貨や衣料，カフェやレストランなど個性的な店舗がテナントとして入居するようになった（写真1）。その結果，神戸におけるファッション・ストリートの地位を1983年頃から築いてきたトアウエスト（難波，2000）に次ぐ場所として，乙仲通が若者達に認知されてきている。老朽化したレトロ感漂う古いビルが，

写真1　乙仲通り（2013年11月筆者撮影）

こだわりのある店舗オーナーや若者達を惹き付けているようである。

　神戸市の都心業務地区ではオフィスビルの高層化が，大震災を経験した1990年代後半以降のオフィス再編過程で旧居留地や三宮地区を中心に起こった。それが都心業務地区のコンパクト化と個性化をもたらしたとみることができる。すなわち，都心業務地区が高層業務地区と余剰地・老朽ビル街区に分離し，後者には居住機能（マンション）や小売商業機能・飲食店（物販店やカフェ）などが侵入する都心業務地区の再編が進行している。

　こうした動きは京都の室町通・新町通地区，大阪の堀江地区などでも認められる。日本の大都市都心業務地区に顕在化しつつある新たなコンパクト化現象と考えられる。

（古賀慎二）

〔参考文献〕
古賀慎二（2014a）「阪神・淡路大震災の復旧・復興過程から「まちづくり」を考える－神戸市都心部におけるオフィスビルの立地変化を通じて－」，吉越昭久編『災害の地理学』文理閣，pp.92-116.
古賀慎二（2014b）「神戸市都心部におけるオフィスビルの立地変化と都心地域構造の変容－阪神・淡路大震災からの復興の検証」地理科学 69-3, pp.38-49.
難波功士（2000）「ストリート・ファッションとファッション・ストリートの構築－大阪アメリカ村と神戸トアウエストを題材として－」関西学院大学社会学部紀要 88, pp.33-45.
藤岡ひろ子（1983）『神戸の中心市街地』大明堂，246p.

防災に活かすコンパクトなまちづくり

第14章

津波被災都市復興計画におけるまちづくりとその課題

　2011年3月11日に発生した東日本大震災は，三陸海岸の諸都市に多大な被害がもたらした。それまで人口減少や高齢化に苦しんでいた各自治体に対して，復興というきわめて重い課題が加えられた。では，災害復興を進めていかなければならないなかで，三陸海岸の諸都市では将来の都市構造をどのように展望できるか，本章では陸前高田市を事例として考えていきたい。

　三陸海岸の多くの自治体では，「被災市街地復興特別措置法」に基づいて復興が進められている。この法律は，阪神・淡路大震災を契機とし，大規模な火災，震災その他の災害を受けた市街地に対してその緊急かつ健全な復興を進めるため1997年に施行された。本章では，この法律のもとでどのように復興が進められているのか，陸前高田市を例に都市機能の再生との関わりから検討したいと考える。陸前高田市では，復興計画に基づいて市街地や住宅地の高台移転が進められている。今後，人口減少や高齢化が進んでいく中で，コンパクトな都市構造を維持・再生することができるのか，震災から数年が過ぎようとしている段階において検証したい。

1. 震災前後における都市構造の再編

(1) 人的被害と仮設住宅の展開

　陸前高田市は，海岸線に沿って平地部が広がる地形となっている。海岸線には高田松原が数百mの幅で展開し，その内側には水田耕地が広がっていた。

表1　陸前高田市における人的被害の状況

全人口数	24,246 （2011年3月11日）	
死者数	2,009	8.30%
行方不明者数	41	0.20%
	（2012年2月28日）	
全世帯数	8,196 （2011年2月28日）	
全壊	3,159	38.50%
大規模半壊	97	1.20%
半壊	85	1.00%
一部破損	27	0.30%
	（2012年1月31日）	
仮設住宅着工数　53地区	2,168戸	
	（2012年5月31日）	

陸前高田市『陸前高田市復興計画』，陸前高田市HPより作成

中心市街地は海岸線から約2kmの内陸部に展開していて，市役所などの公的施設，銀行などの中心地機能が立地するとともに，大型スーパーや中心商店街などの商業集積が形成されていた。背後には丘陵地が広がっているが，緩やかな傾斜地には農地が広がるとともに住宅地が点在していて，鳴石団地が開発されていた。

三陸地方のなかでも陸前高田市には比較的広い平野部が存在しており，人口の約半数が平野部に集中していた。

　2011年3月11日14時46分，マグニチュード9.0の大地震が三陸沖を中心に発生し，陸前高田市は10m以上の波高をもつ津波に襲われ，平野部を中心に甚大な災害を受けた。表1は陸前高田市の人的被害状況を示したもので，死者・行方不明者数は2,000人強である。その数字は全人口の10%弱で，三陸地方の市町村のなかではきわめて高い。また，全壊・半壊家屋は3,341戸にのぼり，震災前の世帯数8,196世帯の40.1%が家屋を失った計算になる。

　仮設住宅2,168戸は，高台にある学校の校庭や内陸部の公有地など53地区に整備されている。その結果，陸前高田市の人口分布は，震災前における沿岸の平野部を中心としたコンパクトなものから，内陸部に分散的に広がったものへと変化した。また，高齢者を中心に自家用車を利用できない交通弱者が増加している。

（2）都市機能の立地移動

　次に都市機能の被災状況と復旧状況について検討する。被災市街地復興特別措置法に基づいて陸前高田市は，津波被災地域と高台移転の候補地を2012年2月8日より「被災市街地復興推進地域」に指定し，建築規制[1]を施した。東日本大震災で津波被災した多くの自治体では，震災ののち建築基準法に基づき，津波被災地域を「災害危険区域」に指定し，建築規制を施した。2011年の末には，

各自治体の復興計画策定の際に，災害危険区域とその周辺地域（復興後の都市計画地域など）を合わせて被災市街地復興推進地域に指定し，復興のための土木工事，区画整理等を進めることとなった。

陸前高田市における被災市街地復興推進地域は，高田，今泉地区の 635ha の地区が対象である。主な構成は，①海岸近くの震災メモリアル公園と産業地区（居住制限区域），② JR 大船渡線の内陸側の市街化区域（商業地域など，嵩上げして居住も可能とする），③平野部の背後の丘陵地に高台住宅地を整備する地域，となっている。このような計画は，2011年末に制定された復興計画に基づく[2]。

震災以降，建築規制のある被災市街地復興推進地域では店舗・事務所を立地できないことから，この区域の外側に多くの都市機能が配置された。その多くは仮設店舗・事務所で，将来的には区域内に新規立地するものと考えられる。しかし，一部は本設したものも存在する。また，区域内に設置された店舗・事務所もあるが，それらは撤去可能な仮設施設となっている。

以下，公共施設や銀行，病院，店舗・事務所などの都市機能が，震災前後に立地場所をどのように変化したかについて考察していきたい。

①公共施設・高次サービス機能

まず，市役所，銀行，病院といった市民生活に欠かせない店舗・事務所・庁舎などの被災状況と復旧についてみてみたい。図1は，震災前と震災後における諸施設の立地を示しており，図中の矢印は同じ施設の立地移動を示している。

陸前高田市の公共施設は，市役所，中央公民館，市立図書館や消防本部など大半が中心市街地に立地していたため，津波によって壊滅状況となった。陸前高田市以外にも女川町，南三陸町，大槌町などでは，市役所・役場といった自治体の中核的な施設が被災し，復旧，復興のための中核施設を失っただけでなく，公的任務を担う市役所職員など多くの人材も失っている。宮古市や大船渡市などのように，市役所・役場が震災後も健在で活用することができた市町村と比較すると，それが震災後における街の復旧，復興の面で大きな障害となった。

震災後，陸前高田市では，仮設市役所庁舎が 2011 年 5 月 16 日に開設された。図1をみると，仮設市役所庁舎の設置場所は，中心市街地の背後にある丘陵地

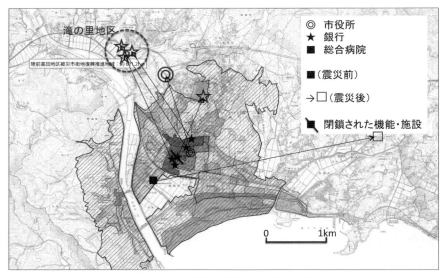

図1 市役所・銀行・病院の移転状況（2013年9月時点）
図の斜線部は陸前高田地区被災市街地復興推進地域（建設規制区域）をあらわす．
施設移動についてはタウンページより作成．

上である．震災後，最大の人口集積がある鳴石団地の近くであり，幹線道路に近い箇所に設置されている．

　つづいて，銀行の復旧であるが，震災前における立地場所は中心市街地にあったため，公共施設と同様に津波によって全壊となった．陸前高田市の場合，第一，第二地銀や信用組合の5つの支所が存在しており，中心市街地の一画を占めていた．震災後，1信用組合を除き，建築規制区域の外側で仮設店舗を設置している．岩手銀行は2011年10月3日に，北日本銀行は12月26日に高田支店を再開しているが，それらの立地場所は内陸部の農地が広がっていた滝の里地区である．スーパーやコンビニが震災後いち早く立地した滝の里地区は，震災後における陸前高田市の中心地となっており，その拠点性から銀行も立地場所として選択している．

　陸前高田市における唯一の総合病院・高田病院も，津波によって全壊した．高田病院は震災直後の3月13日にコミュニティセンターを間借りして診療の

みを再開し，7月25日には仮設診療所を開設，2012年2月1日に仮設病院として入院患者の受け入れを再開している。仮設病院の立地場所は，図1に示されるように，仮設市役所庁舎や滝の里地区から東にはなれた米崎町内の高台である。

②商業機能

都市機能としての事務所・施設数が一番多く，生活物資の供給先となっている商業機能の被災状況とその後の復旧について詳しくみていきたい。なお，津波被災地域には，生き残ったガソリンスタンドや新たに作られた仮設店舗が数店舗存在している。その多くは，津波被災を受けたものの施設の再活用が可能であったものが中心である。震災以降，人口分布は沿岸部から内陸部に移動しており，津波被災地域内にある店舗はその利便性が高いとはいえなかった。しかし，震災後早い段階で復旧したものが多く，ライフラインとして貴重な役割を果たしてきた。

まず，郊外型大型店などのチェーン店であるが，震災前その多くは平野部に立地していたため，その大半が津波によって全壊となった。その後の復旧についてみてみると，早いもので2011年3月末から営業を再開し，生き残った小規模の店舗を借りて営業が開始されたものが多かった。

そして，スーパーやコンビニなどチェーンストアによる仮設店舗は，2011年6月頃より本格化していく。特に，コンビニの展開は早く，移動販売車による販売からはじまり，しだいに常設の仮設店舗としてコンビニが立地展開していった。2011年8月からは，スーパーやホームセンターといった郊外型大型店の仮設店舗立地がみられ，2011年末になると本格化していく。

図2は，震災後におけるチェーン店の仮設店舗や新規店舗の立地を示したものである。前述のように，被災市街地復興推進地域は建築規制があるため，多くの店舗ではその外側の地域に仮設店舗や本設店舗を新規立地させている。それらの施設の多くは，特に滝の里地区に集積する。

そうしたなかでも，地元食品スーパーチェーンであるマイヤスーパーは注目すべき存在である。大船渡市や陸前高田市では，大船渡市に本社のあるマイヤスーパーによって仮設店舗が積極的に展開され，食料品を中心とした生活物資

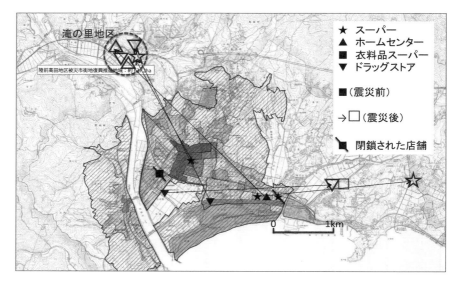

図2 大型店の仮設移転・本設設置状況(2013年9月時点)
図の斜線部は陸前高田地区被災市街地復興推進地域(建設規制区域)をあらわす.
施設移動についてはタウンページより作成.

の供給力が回復していった[3]。陸前高田市では,2011年8月4日,滝の里地区に仮設スーパーが開店し,陸前高田市への生活物資の供給力が飛躍的に高まった。2012年3月24日には米崎町にアップルロード店が本設店舗として新規立地している。このアップルロード店の立地点は,それまで農村空間が広がる地域で,都市機能が存在していなかった地域である。

一方,商店街や個人商店など,地域に密着した独立経営の商店であるが,震災前では人口分布に従って中心市街地に集積するとともに,漁村や山村地域にも分散していた。陸前高田市の中心商店街は,駅前商店街や大町商店街など,小規模ではあるが5つの商店街組織が存在していた。しかし,それらの多くは津波によって全壊状況となり,2011年末まで営業を再開できない商店が大半であった。

そうした中,独立行政法人・中小企業基盤支援機構(以下,中小機構)の支援によって仮設店舗が公的に整備され,2012年に入ってから営業再開を希望

する商店が入店するようになった[4]。中小機構による仮設店舗とは，震災後，自己資金では仮設店舗を建設することができない独立経営の商業者に向けて整備してきたものである。

写真1は，陸前高田市内にある中小機構によっ

写真1 仮設店舗の例（2012年5月10日，筆者撮影）

て整備された仮設店舗の例である。中小機構は仮設店舗だけでなく，食品関係の仮設工場や，漁業関係の仮設作業場などなどさまざまな形態の「仮設施設」を提供しており，現在では地元業者の復興にとってなくてはならないものとなっている。

この「仮設施設」は，施設が完成に至るすべての経費を中小機構が負担し，完成後には地方公共団体に無償貸与・譲渡されている。仮設施設の貸与・譲渡を受けた各市町村では，地元の中小企業や個人経営者に無償で貸与する。光熱費など日々のランニングコストは自己負担となるが，津波による被災を受けて自己資金では営業を再開できない地元業者にとって貴重な支援プログラムとなった。

図3は，中小機構による仮設店舗の配置を示したものである。多くの店舗は津波被災地域の外側に設置されているが，店舗の立地が規制される被災市街地復興推進地域に存在する店舗もある。これは仮設店舗で，復興後に撤去できるからである。全体として商店分布はかなり分散化し，鳴石団地や仮設住宅集積地と離れ，傾斜地に孤立立地している場合も多い。陸前高田市における仮設店舗では，入居する経営者自身の土地などを市が借り上げて設置することが多くなっている。陸前高田市は，仮設住宅を優先して学校などの公有地を利用したため，仮設店舗のための用地は限られていた。

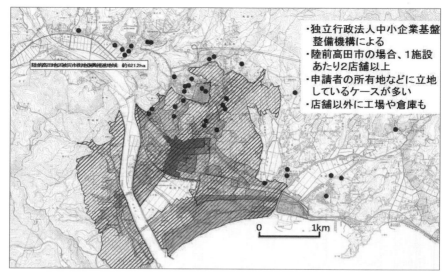

図3　中小機構による仮設店舗の分布（2013年9月時点）
図の斜線部は陸前高田地区被災市街地復興推進地域（建設規制区域）をあらわす．
施設移動についてはタウンページより作成．

（3）震災後の都市機能集積地・滝の里地区

　前述のように，震災後における陸前高田市の中心地として存在感が高まっているのが滝の里地区である．滝の里地区は，国道340号線と農免道路（中心市街地北側背後の丘陵地を東西に結ぶ道路）とが交わり，震災以降になって重要な交通の結節点となった地点である．加えて，仮設市役所庁舎も近くに立地している．

　前述のように，2013年末までに，スーパーやホームセンターなどの大型店と，コンビニやドラッグストアといったチェーンストア，そして銀行支店や郵便局等が立地した．2012年10月より中小機構によって整備された仮設商店街も設置されており，主要な都市機能が集積している状況となる．

　この集積地形成のきっかけは，前述のマイヤスーパーによる仮設スーパーの建設であった．マイヤスーパーは，8月4日に大和リース株式会社と共同事業として，陸前高田市内に大区画の土地を借り入れ，本格的な仮設スーパー（約

300坪）を営業させた。この建物はプレハブであるが，店内は通常のスーパーと同様の設備となっており，敷地確保を含めてマイヤスーパーは1億8千万ほどの投資を行ったという。

さらに大和リースは，マイヤスーパー用の大型仮設店舗だけでなく，小規模な店舗を用意した結果，携帯電話ショップ，学習塾などさまざまな店舗が入居することとなり，こうした商業機能が充実すると銀行ATMが併設されるようになった。その後，この隣接地に銀行の支店が立地し，そしてドラッグストア，ホームセンターの立地も進んだ。

このように商業や金融など関連する都市機能が寄り添うことによって相乗効果を得ることができる。震災後の混乱期ではあるが，こうした都市機能の立地が交通の要所に集中したことはとても興味深い。加えて，滝の里地区の仮設店舗の多くが，中小機構による公的資金を活用したものでなく自己負担によるものである。投資に見合う立地を模索した結果，滝の里地区に店舗を設けるというチェーンストアの判断は，きわめて経済的に合理性があったといえよう。

2. 震災後の交通環境

東日本大震災後の陸前高田市における公的な交通機関の状況はどのようになっているのであろうか。現状では，鉄道の本格復旧にはめどが立っておらず，自動車交通，すなわち自家用車，路線バス，乗合バス・タクシーが主な移動手段となっている。

生き残った既存住宅と仮設住宅，再配置された諸都市機能との位置関係を考えてみると，両者がコンパクトにまとまっている状況とはいえない。特に，中心部からはなれた仮設住宅の居住者にとって，各都市機能へのアクセシビリティは以前に比べて悪くなった。加えて，仮設住宅が丘陵地に展開することから，道路のアップダウンも多く，現在の陸前高田市では移動手段として自家用車が必需品となっている。

震災前の陸前高田市では，市役所などの公的施設，商店街や大型店，住宅が比較的コンパクトにまとまっていた。そのため，公共交通機関や自家用車によ

る移動だけでなく徒歩も重要な移動手段であった。徒歩による買い物は，ロードサイド型の大型店へは難しいものの，駅前に立地している大型スーパーや商店街へは十分可能であった。よって，震災前の陸前高田市は，交通弱者である高齢者も比較的生活しやすい環境であったといえよう。

　現在，公共交通機関の利便性は徐々に改善しつつある。JR大船渡線は，2013年3月2日に大船渡線BRT（バス高速輸送システム）として運行が再開された。岩手県交通の運行する路線バスには，一関市まで結ばれる長距離路線と隣接市町村と結ばれる短距離路線がある。さらに，陸前高田市の半島部と中心部を結ぶ乗合バス・タクシーや，市役所と病院を結ぶ乗合タクシーが運行されており，身障者には無料サービスなど交通弱者への支援もある。

　前述のマイヤスーパーは，仮設住宅の高齢者などの買い物弱者を支援するため「お買いものバス」を運行している。滝の里地区だけでなく,仮設市役所庁舎，高田病院もルートに組み込まれる無料送迎バスは，仮設住宅に居住する高齢者にとって非常に便利な存在である。マイヤスーパーの停留所では，同じ仮設住宅に帰宅する高齢者が楽しく会話する光景を見ることができる。しかし,チェーンストアによる買い物弱者支援には限界があり，路線バスや乗合バス・タクシーを合わせて利用しないことには，頻繁な買い物，通院はできない状況にある。

　さらに陸前高田市では「みちのく衛生の会」[5]による「用足し送迎」というボランティアサービスも展開されてきた。用足しサービスとは,その名の通り，利用を希望する個人を自宅から希望する場所までの送迎するものである。利用できる日時は，月曜日から金曜日までの9時から15時までの時間帯となっており，すべて無料で利用できる。

　開始当初より徐々に送迎件数，利用者数ともに増加しており，ピーク時には1,100を超える利用があった。最も多い利用は通院であり，利用者の大半は仮設住宅に居住する高齢者である。仮設住宅の多くが高台にあるため，自宅の近くまで迎えにきてくれる用足し送迎は，特に後期高齢者にとって便利なサービスとなっている。後期高齢者は足腰が弱い人が多く，バスの停留所まで移動するにも困難を伴う。また，バスの運行時間と通院時間は必ずしも一致しないことが多く，予約制の歯医者への送迎などが多いという。

このように震災後の陸前高田市では交通弱者にとって交通環境が悪化しているので，さまざまな対策が行われているのが現状である。震災後の状況の中での対処療法的な対策といえるが，復興計画が実施された後にどのような交通環境が整備されていくのか，特に，高齢化とともに増えていく交通弱者対策が急務であると考える。

3. 陸前高田市にみる津波被災都市復興計画の問題点

上述のように，陸前高田市の都市構造は，震災前のややコンパクト型から震災後には一部集積をともなう分散型へ大きく再編成されている。震災前には半径 500m の中心市街地に多くの都市機能が集積していた。しかし，震災後には滝の里地区にさまざまな都市機能が集積するとともに，小規模店舗は分散化した。加えて，都市機能が平野部から丘陵地上へ移転しており，自家用車に依存した都市構造となっている。このような状況は，被災市街地復興特別措置法に基づく建築規制が大きく関係する。

このような都市構造が形成された結果，分散化によって都市機能間の連携が弱まった。陸前高田市では，都市機能が集積していないことから市民の生活行動において単目的化が進行している。特に高齢者にとって通院と買い物を組み合わせることが難しい状況にある。このような事態が生じたのは，個別の都市機能の再生と復興のまちづくりとのミスマッチが生じているためである。特に，再生を急ぐ各店舗・事業所では，被災市街地復興推進地域の外側に，仮設だけでなく本設をも展開している。

復興のなかで被災市街地復興推進地域を指定したことは，嵩上げ作業などの土木工事を進めていく上で必要であったといえる。しかし，被災市街地復興推進地域の外側にある程度の立地規制を施すことも合わせて必要だったのではないか。すなわち，広域的な視点から陸前高田市全体をどのように再生していくのか，長期的な視点から中心市街地に都市機能をどのように再集積させていくのか，ということが必要であったと考える。

現在，分散的な都市構造が構築されている陸前高田市であるが，これから復

興の中で人口構成が変化していくとともに交通弱者が増加すると考えられる。そのため，ディマンド型交通手段だけでなく新たな公共交通機関の充実が必要になってくるものと考えられる．陸前高田市における復興まちづくりは今後の日本社会のあり方・都市形成に大きな参考となろう．

(土屋　純)

〔注〕
1) 陸前高田市における建築規制は，2012年2月8日から2013年3月10日までの期限において，建築規制地区において建築物を構築する場合，申請による許可が必要であり，都市計画に適合する0.5ha以上の土地の形質の変更が必要であり，建築物の新築，改築もしくは増築する際にも，①階数2以下かつ地階を有さないもの，②主要構造部が木造，鉄骨造，コンクリートブロック造等であること，③容易に移転又は除却ができること，④敷地の面積が300㎡未満であること，といった条件が必要となる．
2) 陸前高田市（2011）陸前高田市復興計画（2012年12月22日閲覧）．
3) 土屋　純（2013）「津波被災地における地域商業の復旧とその課題－陸前高田市における仮設店舗の展開を中心に－」東北大学大学院経済学研究科地域産業復興調査研究プロジェクト編『東日本大震災復興研究Ⅱ 東北地域の産業・社会の復興と再生への提言』河北新報社出版センター，pp.143-164.
4) 2011年度における国の補正予算では274億円，2012年度では50億円が組まれることとなり（復興庁，2012），被災地域を対象として仮設施設が整備されることとなる（独立行政法人・中小企業基盤整備機構，2012）．仮設施設が建設可能となる被災地域とは，「東日本大震災に対処するための特別の財政援助及び助成に関する法律」に定める特定震災区域と政令で定める地域であり，具体的には，岩手県，宮城県，福島県の全域と，青森県（4），茨城県（39），栃木県（16），千葉県（23），新潟県（3），長野県（1）の定められた市町村である．（　）の数字は，各県の指定された市町村数を示す．
5) みちのく衛生の会とは，東京に在住する資産家が個人資産を基として設立された一般財団法人である．震災直後では，避難所でのトイレ設置や買い物代行サービス，津波被災地での除菌活動を行っていたが，その後，買い物支援バス，通院支援バスの運行など活動の幅を広げていった．しかし，高齢者を中心として外出には個別の事情があり，バスによる団体移動には限界があることが分かり，個別の送迎活動である「用足し送迎」を開始することとなる．用足し送迎は2011年9月から開始され，最も実績のある支援活動となった．

〔参考文献〕
独立行政法人・中小企業基盤整備機構（2012）仮設施設整備事業ハンドブック－事業者の皆様へ－（2012年12月18日閲覧）
復興庁（2012）復興の現状と取組（2012年12月22日閲覧）

第 15 章

災害に強いコンパクトなまちづくりのあり方

1. はじめに

　東日本大震災の復興において，コンパクトシティによる復興が注目されている。現在，被災都市では，「住機能＝高台移転」，「業務・商業機能＝既成市街地（低地）での復興」という「職住分離」による復興計画が進行中である。そのなかで，なぜコンパクトシティが復興のモデルとして提案されているのか，なぜコンパクトシティは災害に強いと言われるのか，東日本大震災の復興計画における土地利用計画は本当に被災都市の再生にふさわしいものか，等をコンパクトシティという文脈で考察することが求められている。その際，被災都市における地価の推移は重要な要素となる。

　被災都市の高台は，造成用地の不足から，地価の高騰した地域が多い。一方，津波再襲を懸念して津波で浸水した既成市街地の居住は忌避され，土地余り状態の常態化により地価は低下している。被災都市では地価の二極化が進む地域も多く，地価推移を踏まえた土地利用の将来像検討が重要となる。また，高台移転（高台と浸水域での機能分離型）による被災都市再生の可能性を地価の現状から検証することも重要と思われる。

　そこで，本章は都市のコンパクト性と災害の関係をモデル的に考察する。また，阪神淡路大震災の被災地区における復興と都市のコンパクト性の関係を見ることで，都市のコンパクト性と災害復興の関係を分析する。さらに，東日本大震災の被災都市の復興計画をコンパクトシティの文脈で整理することで，災害に強いコンパクトなまちづくりのあり方について考えたい。

2. 都市のコンパクト性と防災まちづくりの関係

(1) 都市のコンパクト性と防災の関係

　他の共著者によってコンパクトシティの定義は述べられるため，ここでは定義に関しては概略に留める。コンパクトシティの定義は，取り上げるテーマや地域によって異なる文脈となる。例えば，内閣府（2012）は，「コンパクトであることは，DID人口密度が高いことにより定義され，コンパクトシティの形成とは，市町村の中心部への居住と各種機能の集約により，人口集積が高密度なまちを形成すること」と定義する[1]。また，内閣府（2012）のコンパクトシティ形成における政策目標は，「機能の集約と人口の集積により，まちの暮らしやすさの向上，中心部の商業などの再活性化や，道路などの公共施設の整備費用や各種の自治体の行政サービス費用の節約を図ること」である[2]。

　しかし，都市のコンパクト性は内閣府のように「人口密度」の視点だけでない。「市街地の面積」をもとに議論するケースもあり，その捉え方は必ずしも明確でない。そこで，都市におけるコンパクト性について，図1のように人口等の機能の総量を同じとして，市街地の面積をコンパクトにして機能の密度の集中は考慮しないモデルと，人口等の都市機能を中心部に集積させて密度を高め都市域の面積は考慮しないモデルに分けて，各モデルに応じて防災との関係を考える。

　まず，「市街地の面積」に着目したモデルの場合，「周辺の開発を制限し，市街地面積を『コンパクト』にする」ことで，市街地が狭くなり，被害の把握が比較的容易になることにより防災面で有利となる。災害が発生した場合，被災状況を如何に迅速に把握するかは，人命救助や被害の拡大を防ぐために重要な要素である。最近は市町村合併などにより集落の点在が顕著となり，被災状況の把握に時間を要するケースも増えつつある。そのため，市街地が狭いことは，情報把握に有利に働くといえる。また，狭い市街地は，救援物資の運搬などが比較的容易で，復興段階では有利に働くと思われる。すなわち，人口密度は低く広い復旧対象地域では，水道や道路等のインフラの復旧工事も増えるのに対して，

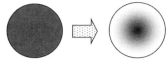

図1 都市のコンパクト性を考えるモデル
注：人口等の機能総量は同じである．
資料：玉川（2008）を参考に筆者作成

復旧対象地域が狭ければ時間面からも経費面からも復旧工事に有利となる。

一方、「都市機能の密度」に着目したモデルは、「中心部への居住を進める中で、中心部の都市機能の密度を高めて人々の行動範囲等を『コンパクト』にする」モデルである。こちらも住民の行動範囲は狭くなり、密度の高いコミュニティ形成の可能性が高く、被害の把握や人命救助に際してのコミュニティによる「共助」がスムーズに進むと思われる。また、復興段階でコミュニティが密なことで、復興に向けた各種事業の合意形成が比較的有利に働くと考えられる。しかし、市街地の外縁部に低密度で居住する人々の被災状況の把握や救援物資の運搬等には注意が必要となる。さらに、中心部での人口密度が高いため建物密度も高くなり、木造建物の場合、火災等の被害には脆弱であり、防災対策のインフラ整備が必要である。

このように、コンパクトシティといっても、どの側面を捉えてコンパクト性を議論するかにより、防災に関する視点が異なることに留意しなければならない。

（2）阪神淡路大震災の復興過程とコンパクト性の関係

次に、都市機能の密度と被災状況、さらには復興状況の関係について、1995年1月17日に発生した阪神淡路大震災の被災地である神戸市の状況を整理する。都市機能密度の代理変数を建物棟数密度として被災状況との関係をみると、建物棟数密度の高い区は全半壊率が高いことが窺える（図2）。阪神淡路大震災は、都市直下型の地震であったため、大きな揺れに伴う建物の倒壊と、その後に発生した火災による被害に特徴があり、建物棟数密度の高い長田区、兵庫区では、全半壊率が高い[4]。都市機能が集中したコンパクト性の高い地域で、

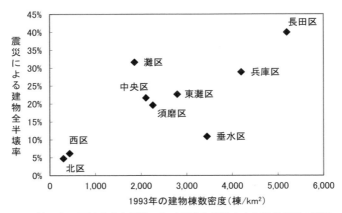

図 2　神戸市の阪神淡路大震災における建物棟数密度と被災状況の関係
資料:「住宅・土地統計調査（平成 5 年）」および神戸市資料より著者作成

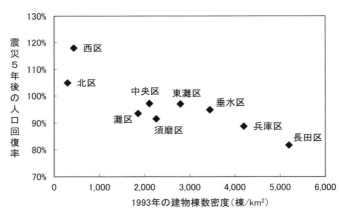

図 3　神戸市の阪神淡路大震災における建物棟数密度と人口回復の関係
資料:「住宅・土地統計調査（平成 5 年）」および神戸市統計書より著者作成

物理的被害が大きかったことが読み取れる。

　神戸市の人口は，震災前（1994 年）は 1,518,982 人であったが，阪神淡路大震災により人口が減少し，震災 2 年後の 1996 年には 1,434,572 人まで（マイナス 84,410 人）減少した（1994 年基準で 94.4%）[5]。その後，神戸市の人口は回復，増加しており，2012 年には震災前よりも 23,146 人多い 1,542,128 人である。し

かし，区によって人口の回復状況には差異がある。そこで，建物棟数密度と阪神淡路大震災から5年後の人口回復率（1994年と1999年の人口）の関係を整理すると，都市機能が密集しているコンパクト性の高い，すなわち建物棟数密度の高かった区ほど，人口回復率は低い傾向にある（図3）。建物棟数密度の高い長田区や兵庫区は大きく被災しており，5年後の人口復帰率は90%にも達していない[6]。

これは，30%から40%の建物が全半壊した長田区や兵庫区で，5年以内に被災家屋が完全に再建できなかったことを示唆している。そして，災害復興住宅等が完成しても，被災地には空き地が発生し，住宅が余剰気味であったと推察される。

阪神淡路大震災の被災地域における復興過程を都市機能の密度を高めるというコンパクト性の文脈で考察する限り，コンパクトなまちというコンセプトのみでは，被災前のレベルに人口回復する復興は成し遂げられていない。

(3) コンパクトシティのコンセプトと防災まちづくりの考察

被災地の復旧・復興プロセスの時間的経緯をみると，発災直後に住宅などが全半壊すると，住民は被災地内での生活拠点を失い，避難先を求めて地域外に流出してしまう。その後，災害復興住宅などが公的資金により被災地に整備されたとしても，地域経済が回復していないと，雇用機会がないため，人々が被災地に戻ることは困難である。神戸市の事例を見ても，都市機能が集積していたコンパクト性の高い地域は，建物被害も大きく，住民の地域回帰という指標で見る限り，復興がスムーズに進んだとは言い難い。

日本におけるコンパクトシティの政策論議では，衰退した中心市街地の活性化や，市街地の拡大を抑制することによる公的予算（例：除雪コストなど）の削減に力点がおかれていた。一方，コンパクトなまちの形成は，災害発生時の情報収集がスムーズで，中山間地域では集落の孤立も防げるため，復旧に有利であると指摘されてきた。しかし5年，10年と長期間を要する被災地の復興過程をみると，コンパクトなまちのコンセプトが被災地の復興を推進したとは言い難い。防災まちづくりを進めるには，復興過程を考慮したコンパクトなまちの新たなコンセプトを検討し，地域特性に応じた計画策定が必要と思われる。

3. 災害に強いコンパクトなまちづくりのあり方

(1) 東日本大震災の被災都市における土地利用計画

　阪神淡路大震災で被災した神戸地域は，住宅地，商業・業務地域にほぼ土地利用が限定された大都市での被災であった。そして，復興に際しては，従前と概ね同じ土地利用・都市機能の再生を図ってきた。しかし，東日本大震災で被災した三陸沿岸の都市は，商業地，住宅地，農地など多様な土地利用が狭い平地に複合的に展開する地域である。また，津波は防潮堤のみで防ぐことは困難であり，命を守るためには，高台に如何に早く避難するかの重要性を改めて認識した災害であった。そのため，三陸沿岸の被災都市の復興に際しては，避難を優先して高台に住宅地を移転する復興計画が進行中である。

　従来の市街地の背後に迫る山を削ったり，平野部の土地に土を入れてかさ上

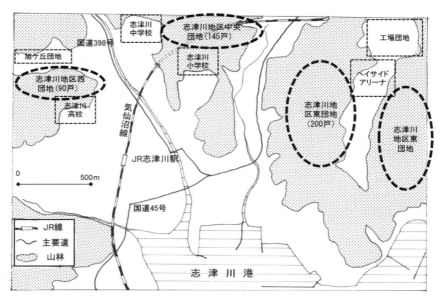

図4　南三陸町志津川地区の土地利用と住宅建設予定地
資料：南三陸町資料等より著者作成

げしたり，新たな土地を造成する計画に基づいて復興が進められている。例えば，南三陸町の志津川地区では，震災前に市街地であった地域は，住宅地ではなく業務系と公園・緑地として利用し，人々は周辺の高台に新規に造成して整備する住宅地への移転を計画している（図4）。

また，石巻市は，北上川による海岸平野が広がる地形から，高台が既成市街地の直ぐ背後に存在しないため，市街地をかさ上げし，盛り土した道路の内陸側のみ居住可能とする土地利用を計画している。また，さらなる内陸側の農地に，新たに住宅地を数千戸規模で造成する予定である。道路（盛土）よりも海岸側の既成市街地は，業務系や公園・緑地の土地利用とし，居住系の土地利用は行わない計画である（図5）。

しかし，過去の明治三陸津波，昭和三陸津波の後にも三陸沿岸の集落は高台に移転したが，生業である漁業に従事する漁師達は，海が見える場所での生活

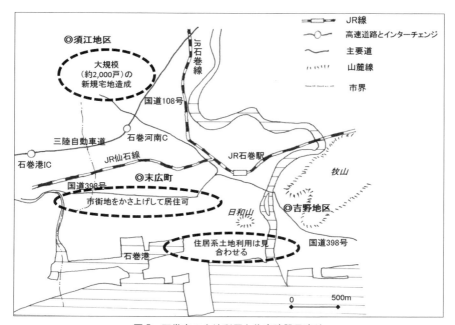

図5　石巻市の土地利用と住宅建設予定地
資料：石巻市資料等より著者作成

を求めて沿岸部に住居を戻した歴史を有している[7]。住民が海から引き離された場所で生活可能なのか、職住が分離された都市の価値を検証することも必要である。

(2) 拡大地域と縮小地域による復興過程の差異

自然災害を完全に制御することは困難であり、どのような災害にも壊れないインフラを整備することは不可能である。そのため、自然災害を所与の条件として災害に備え、万が一災害が発生した場合は、迅速な復旧・復興を講じることが重要となる。災害が発生し、建物が全半壊した場合、住民は地域外に避難するため、地域の人口は減少する。その後、復旧・復興が進むと人口は回復する。例えば、阪神・淡路大震災は、神戸市という人口の増加傾向にあったトレンドに復帰するまで10年近く要したが、人口は回復した。しかし、奥尻島の津波被災地域[8]では、縮小トレンドが継続しているなかでの被災となり、震災により一段の人口減少が進み、周辺地域との格差が一層拡大している（図6）。

東日本大震災の被災都市も、近年は人口が継続的に減少してきた地域である（図7）。また、地域の社会や経済が縮小しているため、土地は潜在的に余って

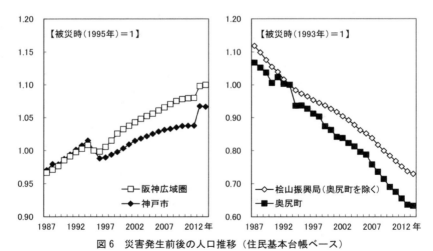

図6　災害発生前後の人口推移（住民基本台帳ベース）

注：阪神広域圏＝尼崎市，明石市，西宮市，芦屋市，伊丹市，宝塚市，三田市，猪名川町
　　桧山振興局＝江差町，上ノ国町，厚沢部町，乙部町，奥尻町，今金町，せたな町
資料：各年の兵庫県統計書および北海道統計書より著者作成

おり，地価の低下圧力が働いていると考えられる。

例えば，石巻市の公示地価の推移を見ると，震災以前から地価は下落しており，震災によって浸水地域の吉野地区はさらに低下した。しかし，内陸部で津波の被害がなかった須江地区は，地価が上昇している（図8）。

このように東日本大震災の被災都市では，過去から現在に至るまで長期的に

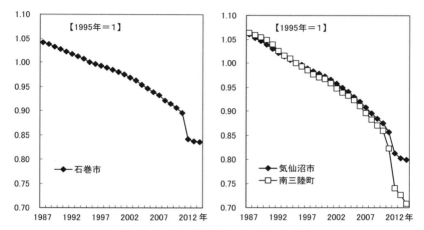

図7　東日本大震災被災都市の長期人口推移
資料：各年の各自治体資料より著者作成

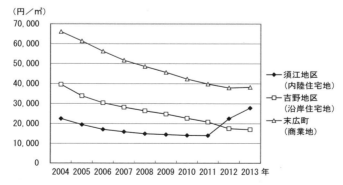

図8　石巻市の公示地価の推移
注：各地区の場所は図5を参照のこと．
資料：各年の「公示地価」より著者作成

人口が減少する都市の縮小化が進展している。人口や経済が縮小化する地域の土地は余っており，地価は低下し，今後も上昇に転じることは想定し難い。このように土地が余っている被災都市のなかに，新たに別の住宅地を高台に新規造成することは，一層の土地余りを生じさせる。沿岸部と高台の両方を市街化すると，内陸部の一部地区では地価は上昇するかもしれないが，都市全体の地価下落を加速させることが懸念される。従って，市街地をコンパクトにしながら復興事業を進めることで土地余りを防ぎ，都市全体の地価下落に歯止めをかけることにも留意することが必要と思われる。

(3) 復興を視野に入れた災害に強いまちづくりのあり方

阪神淡路大震災の被災地である神戸市は，長期的には拡大してきた都市であり，震災以前の水準を上回るまで人口は増加した。しかし，神戸市では都市機能の集積した密集市街地での建物被害が大きく，そのような地域は震災後に人口がなかなか回復しなかった。復興予算を講じて住宅が再建されたものの，既に他地域で生活基盤を確保していたこと等もあり，元の地区に住民が帰ることはなく，都市機能の集積というコンパクト性は，人口復帰面から見た復興に際して直接的なメリットを発揮していない。

一方，東日本大震災の被災地は，震災以前から人口が減少し，地域が縮小していた。そのため，都市的土地利用需要に比べ土地供給が多く，地価の下落が継続していた。このような状況下で，各自治体の震災復興計画に沿って新たに住宅地を高台に造成し，土地がさらに供給されると，地価の下落が懸念される。地価の下落は資産価値（ストック）の低下につながるため，生産活動（フロー）の余力を低下させることが懸念される。また，震災から3年を経ても，津波に襲われた既成市街地は更地のままで，構造物がほとんど建設されていない。長期間にわたり別の地域で生活基盤を確立すると，仮に復興事業により新たな建物が完成しても，入居，活動する人や企業がいない事態も懸念される。

そこで，「復興を事前に考慮した災害に強いまちづくり」という観点からも，コンパクトなまちの新たなコンセプトが有効と考えられる。わが国全体の経済社会が縮小しているなか，3年後とか5年後に新たなビルが復興予算で完成しても，そこに戻ってくる人は少ない。中心地に諸機能を集積させることで，商

業だけではなく公共施設や医療・福祉施設等の機能の高度化を図り，付加価値を高め，地価を支えることが肝要である。さらに，拡散的な開発による新規の土地供給を抑制することで，地価の下落を抑え，地域全体としての資産価値を維持し，企業などの経済活動の基盤（担保）とす

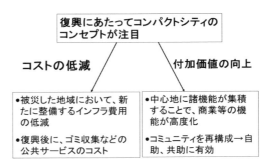

図9 復興を視野に入れた際のコンパクトシティのメリット（筆者作成）

ることも重要となる。集積による復興を図る中で，コミュニティを再構成し，復興における自助，共助に有効に機能させることも重要な視点である。

　一方，人口の回復には，避難者が他地域で生活基盤を確立する前に復興を完了させることが肝要となる。復興のスピードアップを図るには，復興事業を展開する地域の面積を限定し，事業を促進することが重要である。その際，新たに整備するインフラ費用を低減し，さらには，復興事業が完成した後に，ゴミ収集などの公共サービスのコストを抑制することも重要となる。

　なお，被災地では「危険な地域＝地価の下落」が進行しており，拡散的な土地利用を進めていると，住宅や土地の購入が困難な社会的弱者がリスクの高い地域に居住することになりかねない。社会的弱者の災害リスクの高い土地への居住は，万が一の時に多大な社会的費用を発生させることになる。そして，土地条件の差異が社会・経済的格差を拡大することも懸念される。

　東日本大震災の時に，略奪や暴動等が発生しなかったことが世界から絶賛された。これは日本社会において社会・経済的格差による分断が生じていないためと言える。「災害につよいまち」は，社会的混乱の発生しないまちを形成することでもある。拡散的な土地利用を防ぐことは，顔の見える地域コミュニティとしての再編成にも繋がる。コンパクトなまちによる防災まちづくりを進めることで，同時に「人々の絆が強い，災害に強いまち」の形成も期待できる。

　このように，災害に強いコンパクトなまちづくりには，復興を視野に入れ，

コンパクトなまちのメリットを加味することが，今後は重要な視点になると考えられる。

(三橋浩志)

〔注〕
1) 内閣府 (2012), p.182.
2) 前掲1), p.182.
3) 玉川英則 (2008), p.13.
4) 建物被害は，震源との距離や地盤状況などによる揺れの大きさはもちろん，建物の構造（木造か鉄筋コンクリート造かなど）も大きく影響しているため，建物棟数密度のみが被害状況を規定する要因ではない．
5) 人口データは，住民基本台帳人口．各年の3月31日の人口．
6) その後も長田区では人口が減少しており，1994年の130,466人から2012年には99,977人まで（1994年水準の76.6％），30,489人減少している．
7) 山口弥一郎 (1943) は，津波に襲われて高台に移転した後に年数が経つと海沿いに下りた漁師が金を稼ぎ，他の場所から移住した人が集落をつくるようになって，人々は海岸に戻って，再び津波に襲われる様子を報告している．そして，経済的な理由，先祖からの土地を離れたくないという思いなどを無視した高台移転の無意味さを報告している．
8) 1993年7月12日に北海道奥尻島の北方沖で発生した北海道南西沖地震による津波で，200人を超える死者・行方不明者の被害が発生した。

〔参考文献〕
石巻市 (2011)『石巻市震災復興基本計画』石巻市．
内閣府 (2012)「コンパクトシティの形成に向けて」，『地域の経済2012』日経印刷，p.180-201.
玉川英則 (2008)「コンパクトシティと現代」，玉川英則編『コンパクトシティ再考』学芸出版社，p.7-23.
南三陸町 (2011)：『南三陸町震災復興計画』(2012年3月改訂版)．
山口弥一郎 (1943)：『津浪と村』三弥井書店 (2011年復刻版)．

※本稿は，第10回日本地域政策学会全国大会（2011年7月31日，於：北海商科大学），および第11回日本地域政策学会大会（2012年7月15日，於：常盤大学）の発表に加筆修正したものである．なお，本稿は執筆者の個人的見解をまとめたものであり，所属機関の公式見解ではない．

編著者・執筆者紹介（執筆順．所属は 2016 年 4 月時点）

*編著者
戸所　隆（とどころ　たかし）（第 1 章）
　高崎経済大学名誉教授。1948 年生まれ。立命館大学大学院地理学専攻修士課程修了，文学博士。専門は都市地理学・都市地域政策学。主な著作に『都市空間の立体化』古今書院，『日常空間を活かした観光まちづくり』古今書院，『観光集落の再生と創生－温泉・文化景観再考－』海青社。

*執筆者
谷口　守（たにぐち　まもる）（第 2 章）
　筑波大学システム情報系社会工学域教授。1961 年生まれ。京都大学工学研究科博士後期課程単位修得退学，工学博士。専門は都市地域計画，交通計画，環境計画。主な著作に『入門 都市計画』森北出版，『21 世紀の都市像』古今書院（共著），『ありふれたまちかど図鑑』技報堂出版（共著）。

肥後　洋平（ひご　ようへい）（第 2 章）
　1989 年生まれ．筑波大学大学院システム情報工学研究科博士前期課程修了，修士（社会工学）．主な著作に「「拠点へ集約」から「拠点を集約」へ－安易なコンパクトシティ政策導入に対する批判的検討－」都市計画論文集49-3（日本都市計画学会2014年年間優秀論文賞受賞）（共著）。

藤井　正（ふじい　ただし）（第 3 章）
　鳥取大学教授。1957 年生まれ。京都大学大学院文学研究科人文地理学専攻修士課程修了。専門は都市地理学。主な著作に『新版 図説 大都市圏』古今書院（共編著），『地域政策入門』ミネルヴァ書房（共編著），『よくわかる都市地理学』ミネルヴァ書房（共編著）。

橋本　隆（はしもと　たかし）（第 4 章）
　伊勢崎市企画部企画調整課職員。1972 年生まれ。前橋工科大学大学院環境・生命工学専攻博士後期課程修了，博士（工学）。専門は都市計画・景観計画。主な著作に『群馬の地盤』地盤工学会（共著）。

稲垣　昌茂（いながき　まさしげ）（第 5 章）
　前橋商工会議所職員。1979 年生まれ。高崎経済大学大学院地域政策研究科博士後期課程修了，博士（地域政策学）。専門は都市地理学・地域政策論。実務として産業振興，まちづくりに携わる。主な著作に『震災の中の群馬：情報の観点から振り返り，そして前へ』上毛新聞社事業局出版部（共著）。

石黒 厚雄（いしぐろ　あつお）（第 6 章）
　上越市職員。元上越市創造行政研究所研究員。1974 年生まれ。金沢大学法学部卒。上越市創造行政研究所での主な研究テーマは「歴史的建造物の保存と活用に関する調査」ほか。

山下 博樹（やました　ひろき）（第 7 章）
　鳥取大学地域学部教授。1964 年生まれ。立命館大学大学院文学研究科地理学専攻博士課程前期課程修了，文学修士。専門は都市地理学・都市の持続性に関する研究。主な著作に『地域政策入門』ミネルヴァ書房，『乾燥地の資源とその利用・保全』古今書院（共編），『まちづくりのための中心市街地活性化－イギリスと日本の実証研究－』古今書院（共著）。

松原 光也（まつばら　みつや）（第 8 章）
　京都大学工学研究科交通政策研究ユニット非常勤講師。1969 年生まれ。関西大学文学研究科地理学専攻博士後期課程修了，博士（文学）。専門は交通地理学・GIS・観光・まちづくり。主な著作に『地理情報システムによる公共交通の分析』多賀出版。

永井 昭徳（ながい　あきのり）（第 9 章）
　高崎市職員。1973 年生まれ。高崎経済大学大学院地域政策研究科博士前期課程修了，地域政策学修士。専門は公共交通政策。

新保 正夫（しんぼ　まさお）（第 10 章）
　前橋市職員。1969 年生まれ。高崎経済大学大学院地域政策研究科攻博士後期課程修了，博士（地域政策学）。専門は都市地理学。専門地域調査士。主な著作に『自然・社会・ひと』古今書院（共著）。

香川 貴志（かがわ　たかし）（第 11 章）
　京都教育大学教授。1960 年生まれ。立命館大学大学院文学研究科地理学専攻博士課程後期課程単位取得退学，文学修士。専門は人文地理学・都市地理学。主な著作に『バンクーバーはなぜ世界一住みやすい都市なのか』ナカニシヤ出版，『ジオ・パルＮＥＯ』海青社（共編著），『よみがえる神戸－危機と復興契機の地理的不均衡－』海青社（共訳），『変わりゆく日本の大都市圏－ポスト成長社会における都市のかたち－』ナカニシヤ出版（共編著）。

千葉 昭彦（ちば　あきひこ）（第 12 章）
　東北学院大学経済学部教授。1959 年生まれ。東北学院大学大学院経済学研究科博士課程後期課程満期退学。博士（学術）。専門は都市地理学・商業地理学。主な著作に『都市空間と商業集積の形成と変容』（原書房），『変わりゆく日本の大都市圏』ナカニシヤ出版（共著），『東日本大震災と被災・避難の生活記録』六花出版（共著），『北東日本の地域経済』八朔社（共著）。

鈴木 誠（すずき　まこと）（第 13 章）

館林市政策企画部企画課職員。1981 年生まれ。高崎経済大学大学院地域政策研究科博士前期課程修了，地域政策学修士。専門は地域政策・まちづくり。

古賀 慎二（こが　しんじ）（コラム）

立命館大学文学部教授。1962 年生まれ。立命館大学大学院文学研究科博士課程前期課程地理学専攻修了，文学修士。専門は都市地理学。主な著作に『災害の地理学』文理閣（共著），『よくわかる都市地理学』ミネルヴァ書房（共著），『人文地理学事典』丸善出版（共著）。

土屋 純（つちや　じゅん）（第 14 章）

宮城学院女子大学現代ビジネス学科教授。1971 年生まれ。名古屋大学大学院文学研究科博士過程後期修了，博士（地理学）。専門は経済・流通地理学。主な著作に『小商圏時代の流通システム』古今書院（共著），『人文地理学への招待』ミネルヴァ書房（共著）。

三橋 浩志（みつはし　ひろし）（第 15 章）

文部科学省教科書調査官。1965 年生まれ。筑波大学大学院修士課程教育研究科修了。博士（地域政策学）高崎経済大学。専門は経済地理学・イノベーション研究。主な著作に『日本のクラスター政策と地域イノベーション』東京大学出版会（共著），「都道府県における科学技術振興ビジョン等の比較分析」日本地域政策研究 9，「地域イノベーションの代理指標としての TFP に関する研究」文部科学省科学技術政策研究所 Discussion Paper 65。

書　名	地域づくり叢書4 **歩いて暮らせる　コンパクトなまちづくり**
コード	ISBN978-4-7722-3175-6　C3336
発行日	2016（平成28）年9月10日　初版第1刷発行
編著者	戸所　隆 Copyright　©2016 TODOKORO Takashi
発行者	株式会社古今書院　橋本寿資
印刷所	太平印刷社
発行所	（株）古 今 書 院 〒101-0062　東京都千代田区神田駿河台2-10
電　話	03-3291-2757
FAX	03-3233-0303
URL	http://www.kokon.co.jp/

検印省略・Printed in Japan

地域づくり叢書

地域づくり叢書1
日常空間を活かした観光まちづくり

戸所　隆著
高崎経済大学教授

A5判　190頁
2800円
2010年発行

★「住み続けたい地域づくり」が観光まちづくりの原点！

　地名所・旧跡など地域の遺産に頼るだけでなく，住んでいる人々にとっては日常の生活空間＝地域資源を活かすことにより，新たな観光まちづくりが始まる。歴史を活かす川越・小布施，景観を活かす美瑛・嬬恋，芸術を活かす尼崎・宝塚，新幹線駅を活かす佐久，医療を活かす前橋など，様々な手法を用いた新たな観光まちづくりを紹介。
［主な目次］1．住み続けたい地域づくり／2．観光・都市政策／3．高速交通環境の整備に伴う観光地域政策／4．土地利用・景観制度／5．東京型・京都型まちづくりを活かす／6．芸術・文化を活かす／7．観光まちづくり中心街再生戦略／8．地域資源を活かす観光まちづくり政策提言
ISBN978-4-7722-5246-1　C3336

地域づくり叢書2
地域資源とまちづくり
－地理学の視点から－

片柳　勉・小松陽介編著
立正大学教授

A5判　228頁
2800円
2013年発行

★地域資源を活かしたソフトなまちづくりとは？

　ハコモノに頼るのではなく，既存の地域資源を活かしたソフトなまちづくりが注目されています。自然，農と食，都市，歴史とアイディア，そして人を活かしたまちづくりの活動を紹介。取り上げた地域は，日本20カ所，海外2カ所。
［主な目次］第Ⅰ部．自然を活かす（長野市，長岡市，盛岡市，屋久島町，ボルダー市）／第Ⅱ部．農と食を活かす（徳島県上勝町，東広島市，大田市，阿南市，東京都世田谷区）／第Ⅲ部．都市を活かす（大船渡市，福島市，東京都墨田区，バギオ市）／第Ⅳ部．歴史とアイディアを活かす（熊谷市，行田市，函館市，石垣市）／第Ⅴ部．人を活かす（日立市，いわき市，東京都大島町）
ISBN978-4-7722-5270-6　C3336

地域づくり叢書3
ジオツーリズムとエコツーリズム

深見　聡著
長崎大学准教授

A5判　206頁
2800円
2014年発行

★「ジオ」と「エコ」の違いとは？めざす共通点とは？

　ジオとエコ，2つのツーリズムの定義・成立過程・制度を整理し，ジオパーク・エコパーク・世界遺産あるいはそれに準じた自然遺産を活かしたまちづくりの事例をみながら，2つのツーリズムがめざす観光形態とその重要性を理解するための本。地域が主役となる着地型観光のあり方とは？
［主な目次］序論／第1部：ジオツーリズムと地域（ジオパークの定義と類似制度，ジオパークとジオツーリズムの成立過程，小規模離嶼の観光形態，体験型フィールド学習，先進地中国の事例）／第2部：エコツーリズムと地域（観光客の意識，環境保全と観光振興のジレンマ，住民の意識，環境教育旅行の受入，災害復興と着地型観光）
ISBN978-4-7722-4179-3　C3336

表示価格はすべて税別価格です

地域づくり叢書

地域づくり叢書4
歩いて暮らせるコンパクトなまちづくり

戸所　隆編著
高崎経済大学名誉教授

A5判　218頁
3200円
2016年発行

★高齢化社会にふさわしい都市のかたちとは？

人口減少・高齢化が進む今日，人びとは都市にどのような機能を求めているのだろうか。①日常生活の利便性・快適性の確保，②公共交通によるネットワーク，③求心力ある高質・高密度なまちづくり，④伝統と革新の共生，等々の条件を備えた「コンパクトなまちづくり」の実現に向けて，都市研究者・実務者15人が多彩な視点で迫る。
［主な目次］新しい開発哲学／コンパクトシティ政策の課題／歴史的建造物を活かした中心市街地活性化／民官学連携による公共交通支援策／ニュータウンに必要なユニバーサルデザイン／歩いて暮らせる郊外住宅地／ビジター産業の活性化／津波被災都市復興計画／災害に強いまちづくり
ISBN978-4-7722-3175-6　C3336

地域づくり叢書5
まちづくりのための中心市街地活性化
－イギリスと日本の実証研究－

根田克彦編著
奈良教育大学教授

A5判　184頁
2800円
2016年発行

★中心市街地活性化の課題を都市地理学の視点から鋭く指摘！

中心市街地活性化をめぐる様々な課題についてイギリスと日本における実証研究をもとに指摘。中心市街地活性化法は1998年に制定されたが活性化は難しい。日本地理学会シンポジウムの成果。
［主な目次］1 中心市街地活性化とまちづくり三法（荒木俊之）2 イギリスにおける大型店の立地規制（根田克彦）3 イギリス中心市街地の開発再生の歴史（伊東理）4 商店街を場としたまちづくり活動（駒木伸比古）5 温泉地の観光まちづくり（山田浩久）6 まちなか居住の課題と取り組み（山下博樹）コラム1 中心市街地の大型店撤退問題（箸本健二）コラム2 フードデザート問題（岩間信之）コラム3 中心市街地活性化の兆し（山下宗利）
ISBN978-4-7722-3177-0　C3336

地域づくり叢書6
「観光まちづくり」再考
－内発的観光の展開へ向けて－

安福恵美子編著
愛知大学教授

A5判　166頁
2700円
2016年発行

★観光振興，集客目的の「観光まちづくり」への疑問

地域振興策の目玉とされる「観光まちづくり」。しかしその実態は観光振興＝集客が主眼で，まちづくりは二の次になっている例も多い。中山間地域，大都市，温泉地というタイプの異なる観光地を詳査し，住民主体の，地域の文化や生態系に根ざす「内発的観光」の展開を追う。
［主な目次］序章／Ⅰ．観光まちづくり概論（まちづくり思想の歴史的考察，内発的観光まちづくりの仕掛けづくりと人財育成）／Ⅱ．中山間地域における観光まちづくり（足助，広域観光と観光まちづくり）／Ⅲ．都市における観光まちづくり（東京スカイツリーと国際観光都市すみだ）／Ⅳ．温泉地における観光まちづくり（熱海）／終章
ISBN978-4-7722-3178-7　C3336

表示価格はすべて税別価格です

いろんな本をご覧ください
古今書院のホームページ

http://www.kokon.co.jp/

★ 800点以上の**新刊・既刊書**の内容・目次を写真入りでくわしく紹介
★ 地球科学や GIS, 教育など**ジャンル別**のおすすめ本をリストアップ
★ **月刊『地理』**最新号・バックナンバーの特集概要と目次を掲載
★ 書名・著者・目次・内容紹介などあらゆる語句に対応した**検索機能**

古今書院
〒101-0062　東京都千代田区神田駿河台 2-10
TEL 03-3291-2757　　FAX 03-3233-0303
☆メールでのご注文は　order@kokon.co.jp　へ